激走！日本アルプス大縦断

TJAR2022 挑戦は連鎖する

齊藤倫雄&NHK取材班［著］

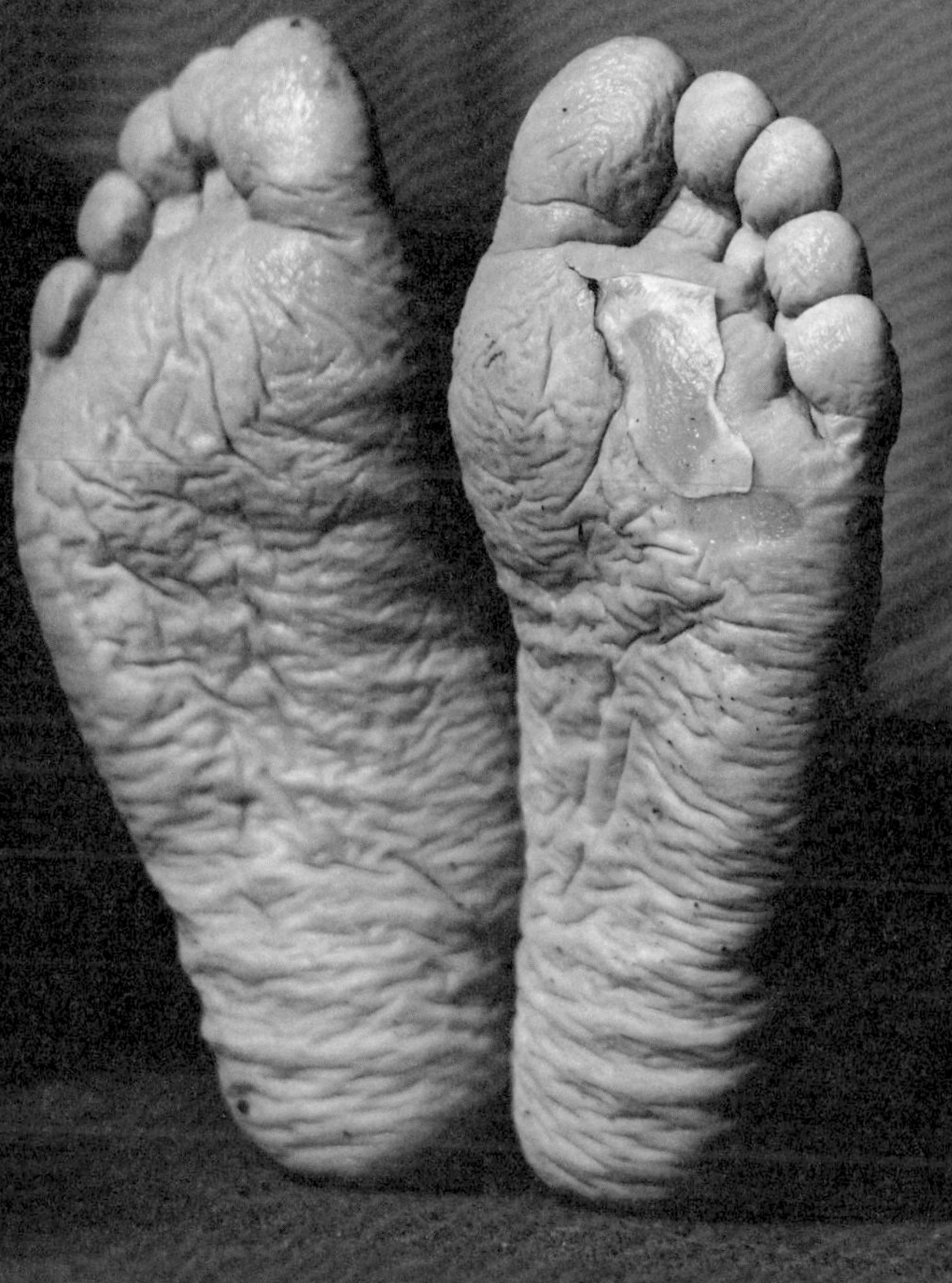

集英社

トランスジャパンアルプスレース2022

情熱の旅路

スタートの瞬間。自身を見つめる8日間の始まり

剱岳の岩場を必死の形相で駆け登る野寄真史選手

〝絶対王者〟望月将悟選手のヘルメット。「I'm back」の文字に込められた意味は……

絶景を前に、塩見岳を走り下りる林田裕介選手

雨の大浜海岸。新記録達成。万感の思いがあふれる土井陵選手

ゴール直前まで辿り着いたのに、なぜか横断幕をくぐらずにUターンする保田直宏選手。その理由は……（本文で）

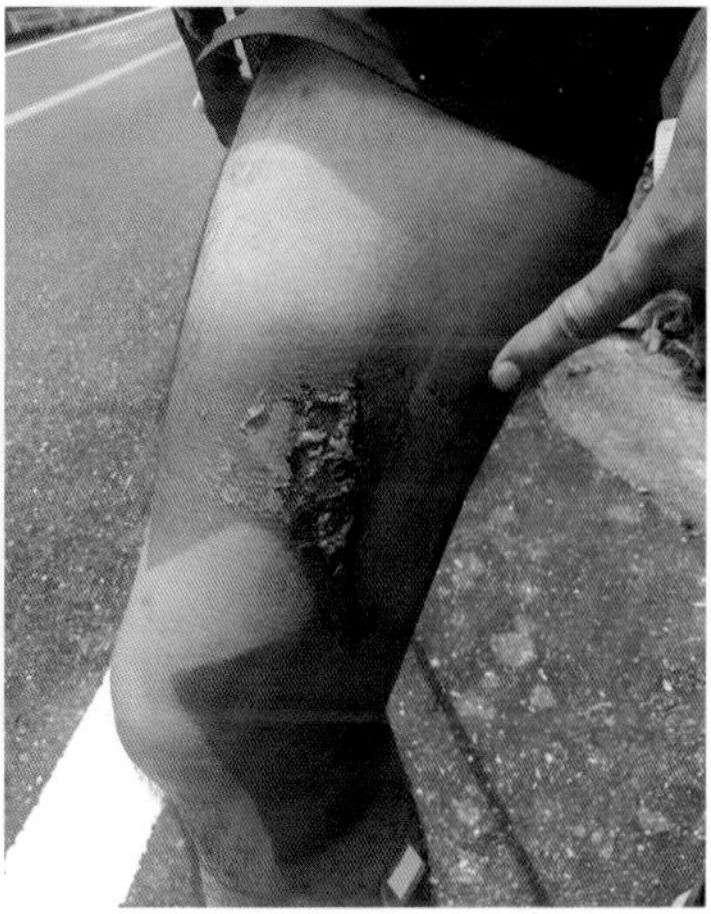

最終日。井川を過ぎた死のロード。「余裕っす」と語る中島裕訓選手。……だが、その右太ももは、日焼けと大量のヒルに咬まれたせいで血まみれに

「初参加・完走」の横断幕を家族が制作。これが待ち受けるゴールを目指したが……。「完」の文字の上に、手書きで「力」と貼られて

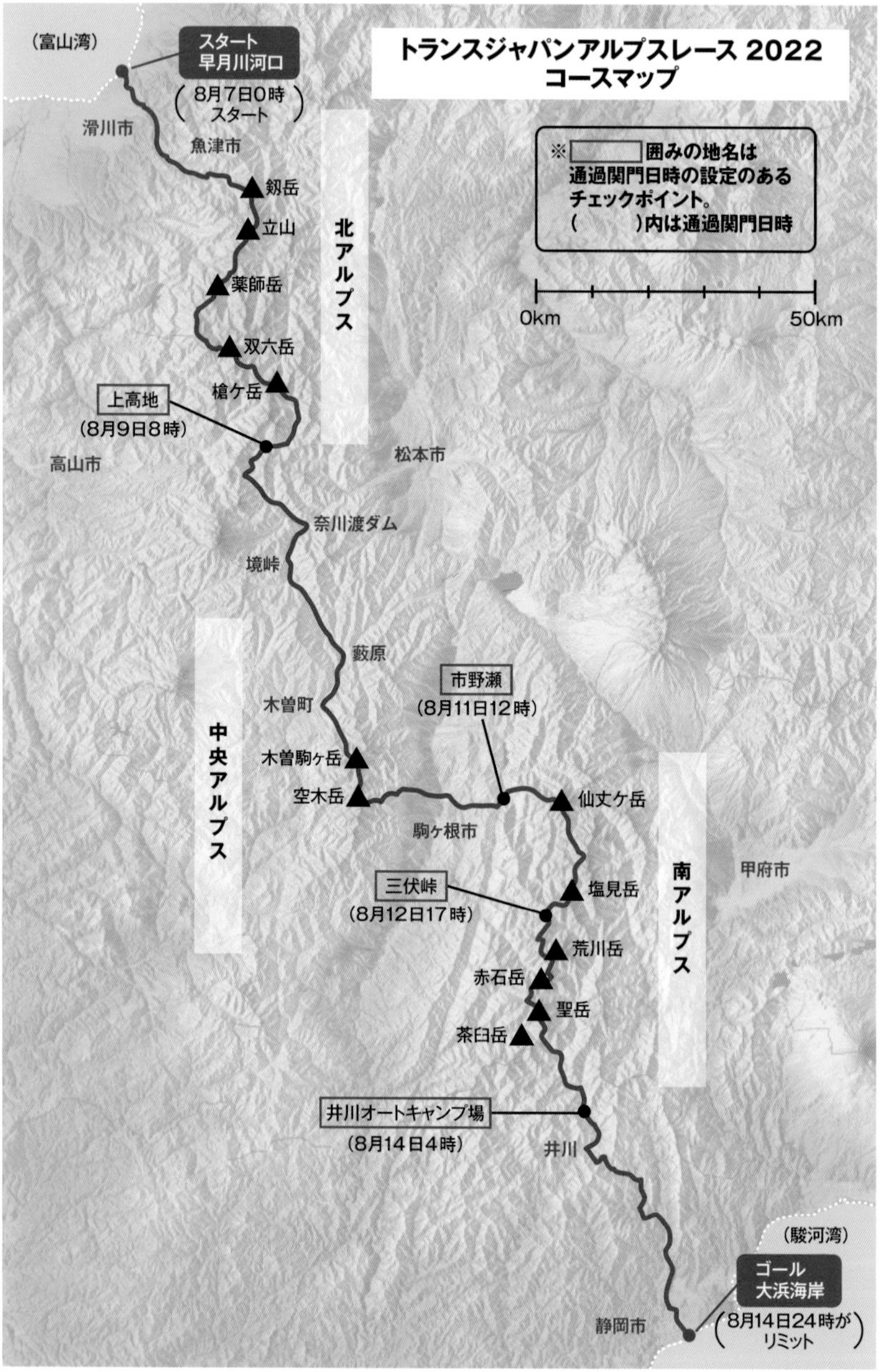
トランスジャパンアルプスレース 2022
コースマップ
※　　　　囲みの地名は
通過関門日時の設定のある
チェックポイント。
（　　　）内は通過関門日時
0km
50km
（富山湾）
スタート
早月川河口
（8月7日0時
スタート）
滑川市
魚津市
剱岳
立山
薬師岳
双六岳
槍ケ岳
北アルプス
上高地
（8月9日8時）
高山市
松本市
奈川渡ダム
境峠
藪原
木曽町
中央アルプス
木曽駒ヶ岳
空木岳
駒ヶ根市
市野瀬
（8月11日12時）
仙丈ケ岳
南アルプス
甲府市
三伏峠
（8月12日17時）
塩見岳
荒川岳
赤石岳
聖岳
茶臼岳
井川オートキャンプ場
（8月14日4時）
井川
（駿河湾）
ゴール
大浜海岸
（8月14日24時が
リミット）
静岡市

激走! 日本アルプス大縦断

TJAR2022 挑戦は連鎖する

齊藤倫雄＆NHK取材班［著］

集英社

プロローグ
「30人が織りなす物語」

　幅・高さ約2メートル。奥行き10メートルほど。一見してなんの変哲もない、コンクリートの通路がある。細く短いトンネルのようでもある。薄暗いその通路の上には県道が走り、この県道によって分けられた施設を結んでいる。もっとも、この通路を通る人はほとんどおらず、ただの〝穴〟のようだ。

　真夏の昼間に皮膚を焦がす太陽光線の中から通路内に一歩足を踏み入れ、日陰に入ると、一気に暗くなる。背中を壁にもたせかけ、反対側の壁を眺める。10年前のあの時、鍛錬を積んだ体を誇る男たちの鋭い目つきが、まるでこちらを誰何《すいか》しているように見えたことを記憶している。その者の傍らには、同じく逞《たくま》しさにあふれる者たちが屈伸運動を行ない、または寝転んで目を閉じ、何やら思案していた。場には緊張感が漲《みなぎ》っていた。誰もが、数時間後に迫った〝その時〟を待ち受けていた……。

２０２２年８月６日。筆者は２０１２年10月に放送された『ＮＨＫスペシャル』の時以来、自身５度目となる「トランスジャパンアルプスレース（以下、ＴＪＡＲと記す）」の取材のため、富山県魚津市の遊園地「ミラージュランド」へやってきた。〝初心忘るべからず〟の格言に倣《なら》い、取材の際には毎回、この通路に足を運んできた。息苦しさすら感じた往時の記憶を呼び覚まし、８日間にわたる長丁場の撮影に臨むべく気合を高める。

今回のレース、出場する30人の選手たちはどのような物語を織りなすのか。

本書は２０２２年11月に２週にわたってＮＨＫ『ＢＳ１特集』で放送した『激走！　日本アルプス大縦断』（11月５日放送「不撓不屈の男たち」および11月12日放送「挑戦の意味」）の内容に、独自取材を加味したものである。

『激走！　日本アルプス大縦断』
チーフ・プロデューサー　齊藤倫雄

目次

トランスジャパンアルプスレース
2022
出場選手紹介

（ゼッケンナンバー、名前、年齢〈本大会スタート時〉、出身地、本大会参加回数）

③保田直宏
やすだ なおひろ
33歳　三重県　初

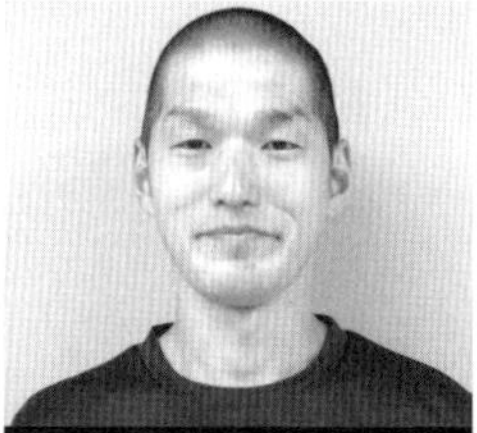

②野寄真史
のより まさし
33歳　大阪府　2回目

①石尾和貴
いしお かずたか
33歳　富山県　初

⑥貝瀬 淳
かいせ じゅん
35歳　新潟県　2回目

⑤牧野高大
まきの たかひろ
35歳　静岡県　初

④佐合 要
さごう かなめ
35歳　愛知県　初

⑨西田敦洋
にしだ あつひろ
37歳　長崎県　初

⑧大畑匡孝
おおはた まさたか
37歳　静岡県　2回目

⑦佐藤崇樹
さとう そうき
36歳　宮城県　初

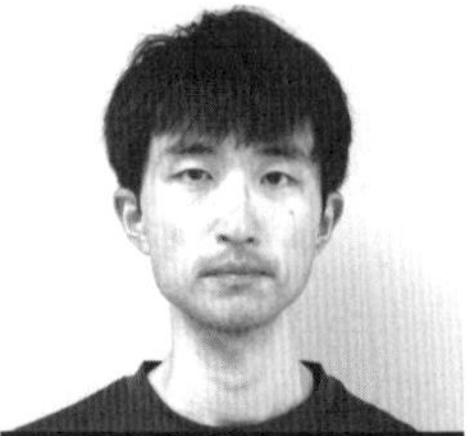

⑩河田英樹
かわた ひでき
38歳　岡山県　2回目

⑪野田憲伍
のだ けんご
39歳　神奈川県　初

⑫土井 陵
どい たかし
40歳　大阪府　2回目

⑬関 淳志
せき あつし
41歳　愛知県　初

⑭木村直正
きむら なおまさ
41歳　神奈川県　初

⑮林田裕介
はやしだ ゆうすけ
41歳　東京都　2回目

⑯久保和範
くぼ かずのり
41歳　埼玉県　初

⑰横井秀輔
よこい しゅうすけ
42歳　静岡県　2回目

⑱中島裕訓
なかじま ひろのり
43歳　山梨県　初

⑲馬場 誠
ばば まこと
43歳　長崎県　2回目

⑳吉川賢一
よしかわ けんいち
44歳　埼玉県　初

㉑望月将悟
もちづき しょうご
44歳　静岡県　6回目

㉒今崎治男
いまざき はるお
46歳　東京都　2回目

㉓井出善啓
いで よしひろ
46歳　山梨県　2回目

㉔三上 満
みかみ みつる
50歳　広島県　初

㉕松本貴宏
まつもと たかひろ
50歳　富山県　2回目

㉖坪井伸一
つぼい しんいち
54歳　福島県　2回目

㉗駿谷明宏
するたに あきひろ
54歳　香川県　初

㉘稲崎謙一郎
いなさき けんいちろう
54歳　富山県　初

㉙井嶋健一
いじま けんいち
59歳　北海道　初

㉚竹内雅昭
たけうち まさあき
62歳　福井県　3回目

0日目

「I'm back」

8月6日
（スタート直前）
August 6

　富山県魚津市の遊園地「ミラージュランド」。海沿いで風が吹き抜けるとはいえ、午後3時過ぎの気温は33℃。新型コロナウイルスの猛威が未だ収まらないためか、「日本海側最大級」を謳《うた》う大観覧車「ジャイアントホイール」に乗ろうとする観光客はほとんどいない。1周、15分。ゴンドラに乗り込み最上部まで上がると、アクリルの窓越しに北アルプスの峰々の連なりが視界に入る。反対の日本海側へにじり寄ると、眼下にその北アルプスから流れ出す早月川《はやつきがわ》河口が目に入る。河口から右手に視界を移すと、そこは、どうということのない、吹きっさらしの砂浜。誰の姿も、ない。

　こここそが2年に一度、大きなスケールを誇るチャレンジのスタート地点となっている。

緊張感に満ちたスタート直前のミーティング

〝（来場いただいたＴＪＡＲ２０２２選手のみなさまへ）ちょっとハードな8日間　思う存分楽しんで下さい！〟

ミラージュランド園内の貼り紙に、そう記されていた。ＴＪＡＲの公式ホームページでかつて用いた謳い文句に引っかけた、ウィットの利いた激励メッセージである。

ここ、早月川河口から静岡県静岡市・大浜海岸のゴールまで約４１５キロメートル、北・中央・南の3つのアルプスを縦走、累積標高差2万７０００メートルの道のりを8日間（１９２時間）の制限時間内に走破することを目指すレースは、この２０２２年大会で11回目を迎える。

距離はフルマラソン10回分。登りの高さは富士山登山7回分。

ルート上で通過を求められるチェックポイント（以下ＣＰ）は30カ所。

早月川河口（スタート）―馬場島《ばんばじま》―劔岳―立山（大汝山《おおなんじやま》）―五色ヶ原―薬師岳―太郎平小屋―黒部五郎小舎―双六小屋―槍ヶ岳山荘―上高地―奈川渡《なかわど》ダム―境峠―藪原駅―旧木曽駒高原スキー場―木曽駒ヶ岳―空木岳《うつぎだけ》―駒ヶ根高原―市野瀬―仙丈ヶ岳―塩見岳―三伏峠《さんぷくとうげ》―荒川岳（前岳）―赤石岳―聖岳―茶臼小屋―井川オートキャンプ場―井川ダム―富士見峠―静岡駅―大浜海岸（ゴール）。

そのうちの以下のＣＰには通過の制限時刻が設けられていて、今大会では以下のように設定されている。

（早月川河口／スタート）（富山県魚津市）　8月7日　0時

・上高地ＣＰ（長野県松本市）　8月9日　8時
・市野瀬ＣＰ（長野県伊那市）　8月11日　12時
・三伏峠ＣＰ（長野県下伊那郡大鹿村）　8月12日　17時
・井川オートキャンプ場ＣＰ（静岡県静岡市葵区）　8月14日　4時
・大浜海岸（ゴール）（静岡県静岡市駿河区）　8月14日　24時

富士山の麓を巡るＵＴＭＦ（ウルトラトレイルマウントフジ）など、他のトレイルランニングの大会では設けられることが多い、主催者によるエイド（飲食物を提供する施設）やサポートはなし。自らテントを担いで縦走し、事故やトラブルにも自分で対処する。すべてにおいて自己完結を求められる。前回大会（２０２１年・第10回）からは、山小屋で食事を取ることや、食料を買うことが（水は除く）禁止されるようになった（つまり、山中で食べる食料は、すべて町中《まちなか》から自力で背負っていくことが必須となった）。

参加資格として、まず厳正な書類選考がある。フルマラソン3時間20分以内、あるいは１００キロのマラソンを10時間30分以内で駆け抜ける走力が求められる。標高２０００メートル以上の山でのテント泊の経験なども問われる。書類選考の通過者には実際の実力を測る選考会への参加が課され、危機管理能力がシビアに試される。それを経て、8月に行なわれる本大会に出場できるのは30人。この数字は、ここ数度の大会では不変だ。

ちなみに、このレースに賞品・賞金はない。最近はスポンサーもつくようになってきて、今大会では出場選手全員にスポンサーからのミニナイフやスタート地点である魚津市の酒造会社の銘酒（５００ミリリットル）が配られるとのことだが、これは記念品。徹頭徹尾、ただ己《おのれ》のための大会なのである。

ここでまずは、２０２１年に行なわれた前回大会について簡単に振り返る。本来、大会は２年ごと、偶数年の開催であり、２０２０年に実施される予定だった。だが、新型コロナウイルスによる感染症拡大の影響で、1年遅れて3年ぶりの２０２１年8月に開催された。

しかし運が悪いことに、レース開始のタイミングに合わせるかのように台風9号が日本アルプスへと迫ってきた。大会規約に「ヤマテン予報1日4回（6時間間隔）発表のうち、平均風速25m／s以上が2回以上（12時間継続）想定される場合」主催者の判断で大会を中止とする、とある（「ヤマテン」とは山岳専門の気象予報サービス）。その予報が発せられ、大会2日目・午前7時2分に中止が決まった。

ある選手は携帯に届いた連絡を見て、動顚する。

「……晴れてますよ。晴れてませんか？　なんで、もっと待てばいいのに……力が入らない。みんなで大浜海岸に行こうって……」

稜線上の彼方に見える空の青い部分を指しながら叫び、体を折り曲げて慟哭《どうこく》した。

中止の宣言を発した大会実行委員会代表の飯島《いいじま》浩《ひろし》が、インタビューに応じた。

「西鎌尾根（北アルプスの双六岳から槍ヶ岳に向かう稜線）が風雨にさらされるとかなり厳しく、

そこに選手を中途半端な状態で送り込むことはリスクが高い。選手の中には、出場までの準備に１年どころじゃない、5年10年という人もいるので避けたい判断でしたが、残念です」

選手の心情を慮《おもんぱか》った飯島は、落涙を止め得なかった。

その1年後に開催された今大会（２０２２年大会）では、スタートラインに2年続けて立つことを目指す者が多数いた。その一人、土《ど》井陵《いたかし》（40歳。以下、文中の年齢は本大会スタート時）。

「台風？　事故？　……事故じゃなくてよかった」

２０２１年のレースでは、トップを独走。その姿を密着撮影していた番組のメイン・ディレクター北條《ほうじょう》雅樹《まさき》から大会中止を知らされて、そう返した。土井は大会2日目の朝の時点で北アルプスを踏破。上高地を越え、釜トンネルを抜けて奈川渡ダムを目指していた。2位を進む選手にコースタイムで半日以上という圧倒的な差をつけていた。

「どんだけできるかやってみたかった。それは前からそうやった。目標とかタイム設定とか決めずにとことん突っ込んでやれって……。まあ、こればっかりは仕方がないです」

それからしばし、無言となった。やり場のない気持ち、悔しさが表情ににじみ出ていた。

土井の走力は折り紙付き。２０２２年4月のＵＴＭＦでは2位でゴール（約１６５キロを18時間45分45秒）。２０２２年のＴＪＡＲ本大会に出場を果たすとなれば、圧倒的なナンバーワン候補との呼び声が高かった。

大阪市在住、本職は消防士という土井がこのレースを目指すようになったきっかけは、２０１２

年にレースを取材した『ＮＨＫスペシャル』を見たことだった。

そのレースには、横綱級の主役がいた。

その名は、望月《もちづき》将悟《しょうご》。

ＮＨＫが最初に撮影を行なった２０１２年大会では、２０１０年大会に続けて連覇を達成。その後も２０１４年、２０１６年と優勝して４連覇を達成。２０１６年大会では、４日23時間52分の大会新記録をたたき出した。さらに２０１８年には、山小屋ばかりか町中でも一切補給をせずに重さ約14キロの荷物をスタートから背負ってゴールを目指す「完全無補給」のミッションを自らに課して、達成した。いわば、ＴＪＡＲの〝レジェンド〟だ。

その望月は44歳。静岡市消防局に所属し、山岳救助隊の副隊長を務める。望月は２０１８年大会での完走を果たして以降、ＴＪＡＲには出場しないものと目されていた。規格外の挑戦の結果、３年経《た》っても体の調子が完全には戻りきっていなかった。

だが、２０２２年初旬、筆者が静岡の山中を案内してもらっている最中のことだった。

「体がずっと重かったんですが、ようやく調子が戻ってきたんです。心臓にも不整脈が出て、『どうかなー』と半年以上様子を見てたんですが、それも復調してきたんですよ」

望月が愉快そうに語った。潮目が、動いた。これを契機にニューカマー・土井とレジェンド・望月の対決、そして初出場となる中高年ランナーたちの己との戦い、その二つのストーリーラインを主軸とする番組化が決まった。制作は２０１８年、２０２１年の時と同様、映像制作会社・日経映像に委託することとした。

制作チームではまず、本大会の展開を想定するところから準備を開始した。一波乱あるとすれば次のような流れではないか、との結論に達した。

すなわち４００キロ以上のレースに出場した経験のない土井が、睡眠不足や疲労蓄積などの理由でレース後半・南アルプス山中で調子を崩す。一方で、望月は普段から南アルプスを拠点に山岳救助隊の活動を行なっており、土地勘がある。加えて、最後の関門が置かれる静岡市井川地区出身であることから「故郷に戻る」という強いモチベーションを持って、南アルプスでペースを上げ、終盤で土井に追いつく。そこに、初出場の選手や２０２１年大会の途中中止で涙を呑んだ者たちが割って入るのでは、と。

一点、ここで留意すべきことがあった。「土井と望月の対決を主軸に据える」と書いた。一方で望月本人は、ここまで「トップを狙いたい」とは一切述べてはいなかった。44歳という年齢になり、体力的には全盛期を過ぎていることは、本人が最も強く自覚していた。

北條が本大会前に行なったインタビューでは、こう語っていた。

「自分の中では速かった頃、うまく進めていた頃の自分の姿が脳裏に浮かびます。一方で、今、それができるかというと自信がない。『望月さん負けたのね』と言われることも考えた。じゃあ、出ない方がいいか？　そうじゃない。『完走すれば新しいことが見えるのでは。参加すれば感じるものがあるのでは』と思って、一歩踏み出した……というところが今回のチャレンジに対しての思いです」

土井の強さは一歩、抜けている。そこは揺るぎない事実だった。それは望月も認めている。その中で天候不順やアクシデント、睡眠不足から来る疲労、そういった要素が重なってデッドヒートが繰り広げられる可能性はあるし、そうなれば面白い。問題は、そうではない場合、すなわち望月が思うように走れなくなった時、どのようにモチベーションを保つのか、そこが読めない。そうなった場合、番組全体を牽引するストーリーラインを構成していけるのか、その見立てが非常に難しかった。

本大会を前に行なわれる選考会。今回は２０２２年6月25日、26日の2日間にわたって開催された。土井や望月といった実力者も、選考会に参加し、通過することが本大会への必須条件だ。そして、ここを確実に通過できるかは定かでない。

今回は長野・駒ヶ根高原をスタートし、伊那谷から南アルプス北部・標高３０３３メートルの仙丈ヶ岳へ登り、そこから下って長衛《ちょうえい》小屋《ごや》が初日のゴール。翌早朝、再度仙丈ヶ岳へ登頂後、北沢峠下の大平山荘《おおだいらさんそう》を経て、伊那側の麓にある宿泊施設「仙流荘」へ下る。コースは全長85キロ。参加者は書類提出者70名の中から絞り込まれた59名。新型コロナウイルスの感染が未だ収束していないため、事前のＰＣＲ検査実施や検温、マスク着用など、厳しいプロトコルが定められた。

「このＴＪＡＲ、本当に危険ですし皆さんの力も書類選考だけではわからないので、選考会という実技テストをやらないと難しい。非常に手間がかかりますが、やらせていただきます」

25日午前5時、スタート直前の出場選手に向けて飯島が高らかに告げた。その他、細かいルールの説明など諸々の周知が済むと、選手たちは一斉に最後の準備を始める。ストレッチをする者、ザックの備品を入念にチェックする者、地図を見つめる者……。誰もが真剣な眼差しだ。

午前5時30分、スタート。飯島の提案で選手や見学者たちがカウントダウンを唱和。飯島の吹いた調子外れなブブゼラの音色と共に、歓声を上げながら選手が出発する。望月は駒ヶ根の市中では、初めて出場したと思われる者、10名ほどを引っ張る形で楽しそうにかけ声を上げて走っていた。レジェンドとの走りは願ってもないことと、選手たちが続いた。

まず目指すのは、標高1681メートルの戸倉山。

登る途中、読図力を見るラインオリエンテーリングの試験をこなす。コース上に据え付けられたフラッグの位置を、2万5千分の1の地形図に書き込む。コンパスや高度計付き腕時計の使用は認められるが、曖昧な場所にフラッグが置かれていた。そのため選手の中には山頂などわかりやすい場所へ一度行き、そこからフラッグの地点までわざわざ戻り、位置を確認する者も複数いた。優勝候補の土井もその一人。地形図の書き込みに微修正を行ない、「戻ってよかった」と安堵の表情を浮かべる。その後、途中に設けられた市野瀬の関門で2名が脱落。そこから地蔵尾根を経て仙丈ヶ岳へ登って、下山へ転じる。

初日終盤、北沢峠に下りる直前の山中で「危機対応能力」の試験がなされた。足首を捻挫した場面を想定し、手持ちのテーピングや三角巾などでしっかり固定できるかどうかを試される。制限時間は15分。テープの使用は最低限で済ませるよう、指示がある。

経験の浅い参加者に多いのが、テーピング・メーカーの売り文句をそのまま鵜呑みにして、固定しきれていないケースだ。伸縮性があるテープでは特に、思いっきり引っ張らないと固定はままならない。そのためか、審査時に足を動かそうとしない者もいる。選手の足がつっている場合もあるが、なんとなくごまかそうという魂胆の者もいるかもしれない。だが、審査に当たるスタッフたちは慣れた手つきで固定具合をたちどころに把握する。

初日の最後の関門は長衛小屋。スタートから13時間後の18時30分までに通過しなければならない。トップは望月。そして時間が経ち、最後の1名が、あと３００メートルというところで制限時刻に引っかかった。２０２１年大会、台風の影響を考慮しての大会中止決定の報を耳にし、「晴れてますよ。晴れてませんか？」と慟哭。ショックの大きさから、その場で崩れ落ちた池田《いけだ》征寛《ゆきひろ》だった。「直前に別の大会に出て、体の調子が悪かった」とのこと。

ＴＪＡＲの選考会は、前回出場者といえども万全な状態で挑まぬ限り突破は難しい。

さらに小屋のテント場に制限時間内に走り込んだ選手たちを待つのは、露営技術の試験。シェルターおよびテントは4分以内、自立しないツェルトでは8分以内に設営を終わらせ、かつ倒壊せずにきちんと張れているか、3キロの荷重をかけてチェックされる。望月の後輩で静岡市消防局に勤める大畑《おおはた》匡孝《まさたか》（37歳）はシェルターの付属物を〝放水開始〟時の動作の要領で地面に転がしてうまく広げ、制限時間ギリギリの3分59秒でクリアした。

一方で、初めての選考会参加とあって緊張しているせいか、地面の状況を冷静に判断せずに大きな岩の上にそのままシェルターを張ろうとする者がいる。中に入って、どう横になろうというのか、そこにまで考えが及ばない。また、制限時間を数分もオーバーする者や、荷重検査で辛《かろ》うじて倒壊は免れたものの張りが甘い者も、複数いた。シェルターをピンと張っていないと、雨天時に中に入った際、たるんだ布越しに雨粒に触れ、その冷たさがそのまま体に伝わってしまう。すると、低体温症を招く危険性が高まる。事実、２０１８年大会の選考会の際には、将来的な大会出場を見据えて、選考会出場者に交じって同じ条件でキャンプ場で露営していた男性がテントの張りの甘さが一因で低体温症となり、その場にスタッフとして居合わせた望月らの機敏な対応で事なきを得たケースもあった。

露営技術の試験ではさらに、テントを固定するためのペグをあらかじめ打ちつけておいて、時間短縮を図ろうとする者もいた。だからといって、それでうまくいくとも限らない。現場の地面の礫《れき》の転がり具合や天候を見て、機敏に対応しないと乗り切れない。過去の本大会出場経験者の中にも、シェルターを倒壊させた者がいた。２０１８年大会で3位に入った近内京太《こんないきょうた》は、ストックシェルター設営時に伸縮性のストックを伸ばしきらず、支えとなる柱を作れぬまま制限時間を迎え、荷重チェックでシェルターを変形させた。惨状を目にして、近内は膝に手を突き、一瞬だったが大きくうなだれた。

「完璧な準備ができませんでした。人生のかなりの目標なので一生懸命やってきたんですけど、まあ、仕方がないですね」

苦い笑いを浮かべながら、それでもまっすぐこちらを向いてインタビューに応じた。

過去の上位入賞者であっても、選考条件に差が一切ないところがこのレースの厳しさだ。

「こんな選考会をするなんて、本当にクレージーだ。アメリカなら通常、上位層はこんなセレクションになど参加するはずがないからね」

アメリカから選考会の見学にやってきたスポーツ・ジャーナリストのスコット・ヨルコは、そう語った。


翌日、出場者たちは午前2時30分に長衛小屋を出発し、仙丈ヶ岳を登り切ってから、麓の仙流荘に設けられたゴールを目指す。ロードの長さは19・7キロ。関門の制限時刻は午前11時15分。

午前8時を回り、トップの土井がゴール地点へと下りてきた。ケロッとした表情だ。

「今年の方がコンディションとしてはいいと思います。本戦は、去年よりはまあ、いけるんじゃないかと思いますね」

上位到着選手の中には近内の姿もあった。十分にやりきったという表情を浮かべていた。

「テントのことはあったけど、気を取り直して、やれることはやろうと思い直したんです」

夜までに東京に戻って仕事と向き合わないといけないと言い、飄々《ひょうひょう》と立ち去った。

最後にゴールへ向かってきたのは、２０１８年大会で念願の完走を果たした最年長62歳の竹内雅《たけうちまさ》昭《あき》。沿道の声援を受け、頬には涙が伝っていた。ゴールの関門時刻を勘違いし、半ば突破を諦めていたのだ。実際には、関門まで30分以上を余らせてのゴールだった。

ようやくゴールした選手たちは、すぐさま最後に筆記試験を受ける。問われるのは危険予測回避力。30分以内に、選択式問題と記述式問題、合計8問に解答する。

筆記試験の問題内容は、これまで公開されていない。また、選択肢問題はこれまでで初めての出題だった。正誤を問う問題としては、以下のようなものがあったと聞く。

Q、「山の上で天候が悪化した。だが、6人集まったので、全体として安全性が保たれると考え、進むことにした」

正解は「×」。なぜなら、人が集まったから安全とは限らないから。

さらには、これを間違うようでは出場資格に欠ける、と見なされる記述問題もある。次に挙げるのは、過去に出題された問題だ。

Q、「行動食が尽き、食料調達できる場所まで距離がある。その場合、どうやり過ごすべきか」

求められる解答としては、この問題が出された当時は山小屋で食料を調達できたので、「食料を購入できる時間までビバークなどして体力を温存し、購入して先へ進む」となる。

その点を疎《おろそ》かにして動き出すと低血糖状態になり、身の危険が高まる。深夜に無理に動かない、ということを守れるかどうかが肝なのだが、過去には「その辺に生えている草を食す」と書いた猛《も》者《さ》もいたと仄聞《そくぶん》する。そんな解答をすると、本大会出場は一気に遠のく。

かくして2日間に及ぶ選考会が終了した。リタイアは3名だった。

健闘をたたえ合った選手たちは三々五々帰路につく。静寂が訪れた仙流荘には大会実行委員が残る。出場選手が選考基準に達しているか否かの判定が、始まるのだ。開始は13時頃。

室内で8名の実行委員が大きな机を取り囲む。通行人、もしくは選手の関係者などが万一にも中をのぞき込まぬよう、カーテンも2枚重ねてしっかりと閉め切られる。机の前に置かれたモニターにこの時点でのエクセル採点表が映し出される。筆記試験の点数、読図の評価、危機対応や露営技術、そして各所の通過タイムが整然と記されている。実技の評価は、項目ごとにクロスチェックされ、採点者による点数が書き込まれている。だが、担当者によって判断基準に差が生じてしまう可能性があるため、ここで全項目を再討議する。

このレースでは、選考会だけでは出場選手を決しない。安全性への意識が明らかに欠如している者や、全体的に規定水準に達していない者を見極めるのみに留める。一定基準を満たした者が30名を超えた場合は、1週間後に抽選を行ない、絞り込む。選手たちの本大会出場の可能性をなるべく排除しないことを旨とする。

まず行なわれたのは、筆記試験の内容検討。解答を確認し、点数を付けていく。配点や合格ラインは非公表だが、実行委員会では一定の点数以上を合格と定めている。

解答の流儀も選手により様々だ。全文をひらがなで記す者もいる。ただし、問われるのは内容理解度であって、文章力ではない。よって、全文ひらがなでもＯＫである。

一方で、表裏の両面に印刷されている解答用紙の裏側への解答を忘れる者がいた。惜しむらくは、記入された表側の内容は全問正解だった。2日間にわたる過労と緊張が、気づかぬうちに体力を消耗させ、判断力を鈍らせてしまったのかもしれない。

次に、危機対応や露営技術などの項目で「△」や「×」が付いている者のパフォーマンスを、録画映像を見返しながら検証し直す。これでは、かなりの時間がかかりそうだ。実行委員の一人、湯《ゆ》川朋彦《かわともひこ》が語る。

「日付が変わるかもしれませんよ。この確認は、いつもこんな感じです」

実行委員たちの議論が延々と続く。テーピングの技術を見る危機対応の試験では現場審査員が「×」を付けていたものの、何度か映像を見返して「〇」に覆《くつがえ》ったケースもあった。巻き方は間違っていなかったが、適正にテンションがかかってなかった。やり方は理解しているので、有事の際にきっちり対応できるよう、改善点を併せて伝えることとなった。

当落線上の選手が多かったのが露営技術の試験だった。時間オーバーと判定された者については、測定ミスの可能性はないか、映像のタイムコードを見直して確認する。現場の採点者からの申し送り事項も、映像で再確認する。複数の実行委員の目で確認し、ここで判定が変更になるケースもある。

こうした作業を深夜まで続けて、この日の判定会議は終了した。

7月1日。大会実行委員会の公式ホームページに「選考会通過者」のリストが掲載された。通過者の数は30名。つまり、抽選会は開催されない。土井や望月の名前も入っていた。主役たちが本大会に出られなくなるという波乱はなくなった。30名のうち、過去の大会での完走経験者は望月と竹内の2名のみ。本大会出場を決めた選手の平均年齢は42・87歳になる。

そして迎えた8月6日。30名の選手たちが、スタート地点のミラージュランドへ集まってきた。まずはミラージュランド横にある建物の2階で、30項目近い必携装備品のチェックを行なう。プロローグで記した県道下の通路からこちらに場が移されて、久しい。

最初に姿を現したのは、ナンバー17・横井秀輔《よこいしゅうすけ》（42歳）。２０２１年大会でも一番乗りだった。

前日にかけて北陸地方一帯に発生した水害の影響で、福井・石川間で北陸自動車道や複数の幹線道路の通行止めが発生していた。西日本から来る選手の中には、大きな影響を被った者たちがいた。ナンバー30・竹内雅昭もその一人。福井県敦賀市からはるばる、岐阜経由で魚津市まで徹夜で車を運転してやってきた。一睡もできなかった。

この水害のため、レースの中間地点であり、全ＣＰの中で唯一、事前にデポしておいた装備や食料の補充が許される市野瀬ＣＰまで選手たちが各自で荷物を発送しても届かないリスクが浮上した。そこで、彼らの荷物を実行委員会で預かり、市野瀬ＣＰまで運ぶサービスが急遽決定した。

問題はそれだけではない。

「新型コロナウイルスによる感染症です。昨日から今日にかけて、スタッフ2名が発熱しました。検査の結果、感染となれば残りの人で回します。でも毎回、課題が生じ、それも一つの〝過酷なチャレンジ〟。その場その場でどう対応するのか、私たちも力が問われます」

大会実行委員会副代表であり、番組側の一員としてランニングカメラマンも務める田中正人《たなかまさと》が語った。まさに、てんやわんやである。だが、新型コロナウイルス対策として厳しいプロトコルを定めたことが功を奏し、結果的には最後まで厳正な運営が維持された。

選手たちの中にも、本大会直前に新型コロナウイルスに罹患した者が複数いた。その一人、ナンバー5・牧野《まきの》高大《たかひろ》（35歳）。大会2週間前、体調が急変した。

「『もう終わった！』なと。熱が38℃。喉《のど》の痛みでつばが飲み込めなくて、飲み食いもできず体重が3キロ落ちた。レース前に絞ろうとは思ってたんですけど、こういうことで絞るとは。ただ、PCR、抗原検査、両方とも陰性を確認。スタートラインには立ててます」

一度は参加を断念しようとしたが、ランニングクラブの仲間から励ましのメッセージをもらい、TJARに対する意気込み、思いを再確認できたという。

さて、装備品チェックに話を戻す。選手たちは、他の選手の装備品がズラリと一面に広げられるのを前に、どんなギアを選択したか、いかに無駄をそぎ落としているか、食料は何を選択したか、などをじっと注視している。ナンバー2・野寄《のより》真史《まさし》（33歳）が口火を切る。

「去年と比べて、1キロ減らしてます。水は入れずに、全体では5キロ切っているくらい」

その発言に、ナンバー19・馬場《ばば》誠《まこと》（43歳）が反応。ナンバー8・大畑匡孝も加わる。

「水入れて6キロ、マジすか？　私、水込み7・5です。どうしたらそこまでいけるんですか」

「去年、持ちすぎた反省。結構捨ててたら、軽くなりました。水を入れても5・5」

「マジっすか？　水入れて、食料込みででしょう？　へぇぇ？」

馬場はＴＪＡＲのホームページに「完走できるか不安5割、挑戦心4割、楽観1割」と記していたが、ひょっとして不安が増したか。そばにいたナンバー13・関淳志《せきあつし》（41歳）がパンを食べながら、一言。

「水を入れないで、9・5キロ」

関はさらに、おにぎり4つと水1・1リットルを足すので、合計11キロ以上になる計算だ。

スタート地点である富山県からは、3名が出場している。その一人、ナンバー28・稲崎謙一郎《いなさきけんいちろう》（54歳）。年齢順に若い方から番号が振られるため、出場選手30人中、3番目に年長となる。その稲崎が、一つやらかした。必携品である予備のヘッドライトを市野瀬ＣＰに、誤って送ってしまった。この日、朝から仕事の電話対応案件が入り、気が急《せ》いていたせいもある。たまたま受付で、スポンサーからの試供品のライトを入手することができて、難を逃れた。助かった。ただ、電池は入っていないので、それだけは買いに行く必要がある。

「コンビニで買ってきます。単4なので」

「じゃ、それだけあとで持ってきてください」

危うく失格を免れた。地元出身選手を手厚く取材しようと来ていた富山のテレビ局クルーに、辛うじて「集中してやっていきます」と答えていた。

そして、ナンバー21・望月将悟が姿を現す。スマートにチェックを終わらせる。重量は6・5キロ。初出場の選手は不安からか食料などを多めに持ち、たちまち9キロ、10キロになってしまう中、望月は不要なものは絞り込んだ。その一方で、レース中に万一救助すべき人などがいた場合にすぐ対応できるように、という配慮から、レインウェアなどを多めに持参している。山岳救助隊員の本分を守ってこそ、という姿勢は2010年の初出場時から一貫して変わらない。チェックを終えた望月は、様々なメディアの取材陣が発する質問に、丁寧に答える。

「チャレンジ好きな若い人の目標になれているのは、嬉しいです。ですけど年齢的にも、かなり走れなくなっています。自分の姿を見せたいですが、まずはゴールに全力で。身に降りかかる過酷さを乗り越えた時、何か変わるんじゃないか。そこに夢を込めての参加です」

淀みなく語る望月の姿を、ナンバー10・河田《かわた》英樹《ひでき》（38歳）がスマホで写真に収めていた。

「ヒーローですね。土井さんとのバチバチは、後ろの方でネットで見ます。スタートだけ同じなので、頑張っていきたい。盛り上がりますね！　僕も一応、参加者ですけど〜」

歯切れよく、笑って言い添える。

筆者は本大会一週間前に、望月からメッセージをもらっていた。

「こちら山岳遭難事故が多くバタバタですが、本来の役割を果たしながら全力で臨みます。予選から辛《つら》さが募っていましたが、ちょっとだけ楽しみになってきました」

望月は遭難者救助の現場では要救助者がどこにいるか、経験と第六感で見立てを的確に行なうスキルを持つ。そのため、何かあれば真っ先に飛び出す立場にある。日々、そうした生き死にの現場をかいくぐって、この場に立っている。

遠巻きに見ている限り、表面上は明るく振る舞っているが、内心はどうなのか。会場の傍らに5度の出場経験を持つ石田《いしだ》賢生《けんせい》がいたので、レースの予想を尋ねた。

「土井さんは北と中央はすごい速さで行くんじゃないかと。ただ、３００キロ以上のレース出場はないはず。ＴＪＡＲは勢いのままにワンプッシュで行けるレースとは違うし、寝ないといけない。南の終盤まで来ると、体も限界にきてると思います。ちょっと無理するだけで、それがすぐ、つけになって返ってくる。そこで崩れるのか、相変わらずの強さで行くのか……。一方、望月さんは、いつも揺れ動いている感がある。そこが人間らしいんですけど。どういう頑張り、気持ちを見せるか。あの人を見ていると、そこから力をもらえる。そういう立場の人だと僕は思う。力がある人なので、土井さんにつかず離れず進んでいくのでは」

全選手中、最後に登場したのがナンバー12・土井陵だった。車から降りた土井はプラスチックの買い物かごをぶら下げている。

「ちっちゃ！　買い物のエコバッグみたい」

土井の関係者か、そのイントネーションから関西方面から来たと思われる女性が感嘆の声を上げる。

「これが一番楽なんですよ」

すたすたと必携品チェックの会場に向かった土井は、メディア関係者20名ほどがカメラを構える中、ザックを開けて、中身を並べていく。ボールペンは、芯だけ。２０２１年のテレビ放送でも映し出されて以降、今年は多くの選手が真似をしたらしい。

「3キロ……3・55」

「あ、でも水は入ってないけど。あとは水だけ。荷物は極力持ちたくないです」

重量確認後、荷物を入れ直すと土井はザックを背負い、周囲に向けて気さくに語り出す。

「水は1リッター。ザックを改良してもらい、重心がちょっと上がって、よくなりました。研究、企業努力です」

圧倒的な軽さだ。昨年と比べてさらに削り込んだ。

持参するアイテムは厳選した。必携品のガスバーナーは持参したものの、それで調理をすると時間も労力もかかる。よって、無駄と判断。基本的には使わない方針。食料は、柿の種やカロリーメイト、サプリメントを主体に選んだ。重量対カロリーの比率で考えると、ジェルは重いので選択肢から除外。炭水化物のエネルギーの他、重要視したのがタンパク質の摂取。プロテイン、ＢＣＡＡ（分岐鎖アミノ酸）、中鎖脂肪酸、それらを考慮しつつ、全行程で10袋のサプリを用意した。不測時に備えて、分量はやや多め。極めつきは携帯トイレ。災害用トイレを利用して〝自作〟した。

午後10時から始まる開会式を前に、雲の合間から姿を現した月明かりが園内をほのかに照らし出す。鈴虫がリンリンと鳴き、早くも秋の訪れを予感させる。

会場に人が集まり出す。気温は25℃を下回っていた。魚津市長の挨拶で式が始まり、安全祈願の神事へと進んでいく。壇上の選手たちは神妙にしている。10分ほど続く時間は、選手たちにとっては集中力を高める機会かもしれない。

式が終わり、選手たちは最後の準備を整えようと四散する。望月だけは、ひっきりなしにファンに取り囲まれる。その間隙を縫って、静岡のテレビクルーがマイクを向ける。

「6回目の出場にあたっての今の意気込みを、静岡県民に向かって語ってください」

取材にすっかり慣れっこの望月は、冷静に応じて返す。「静岡まで事故なく戻る」という趣旨のことを述べる。〝県民〟の言葉に、望月の背負うものが少し透けて見える。


午後11時からはミラージュランド横の建物の2階で、選手向けの最終ミーティングが行なわれた。一般登山者の進路を妨げないように定められた走行禁止区間や、ヘルメット着用が必要な危険箇所の告知などがなされた。毎日正午には、大会事務局から選手たちへSNSで定時連絡が流されることもアナウンスされる。上高地を抜けた釜トンネルの先には、歩道のない狭いトンネルが続いているが、そこを進むには車を背に受けるより、対向車線を走ることで車をしっかり認識する方がよいかも、という実践的なアドバイスもあった。

ミーティングは終了。土井は悠々と歯磨きに勤《いそ》しんでいた。

階下では、望月が大畑に話しかけていた。

「もう、大畑はライバルだから」

「絶対についていきます」

本当かよ、と話を聞き流した望月がスタート地点へ向かって、軽い足取りで歩き出す。

午後11時30分過ぎ、夜空は澄みきっていた。スタート地点となる浜辺は、多くの人で埋まった。その中央で「GREAT ENDURANCE」と記された横断幕が、風にはためいている。地元出身、稲崎を応援する横断幕3つも砂地に突き刺さっていた。その稲崎、開会式に向かう途中では「緊張するなあ。どうしよう」と何度も漏らしていたが、スタート地点ではもみくちゃにされ、否が応でも気分が高揚した。

「さっき、流れ星見ました。何かを見つけ出す扉になるかな。家に帰りますという感じで」

横断幕から少し離れて立っていた筆者を見つけた望月が、近づいてきて語った。

「娘さんからは何か？」

「お守りを作ってくれた。黄色いやつ」

ザックの脇に黄色いお守りが詰め込まれている。出して見せてもらうのは控える。

「力、もらいました？」

「そうですね。でも、今までは『新記録、優勝に向かって突っ走る。行け～』だったんですけど、今回は未だに『何か』が定められない。走りながら定めていきます。やらなきゃ始まらない。始まらないとわからない……ですね」

望月のザックの後ろには、オレンジ色のヘルメットが括《くく》られている。そこには黒のマジックによる手書きで〝限界のその先にある未来へ　I'm back〟と記されている。

その意図するところは、望月が自らの走りで明かすだろう。それ以上は問わない。

望月が岸辺に近づいて海水を両手でひとすくい、口に含む。

「よし、しょっぱい！」

その〝よし〟、に何を込めたか。その横で竹内も、この〝儀式〟を楽しんでいた。

「どっちの塩水が、しょっぱいか。大浜の太平洋と比べますよ。この味を覚えておいてね」

装備チェックの会場では望月と出会い頭に力強い握手を交わし、「泣いても笑ってもこれで最後にしたいと思う」と語っていた竹内。ツイッター上に、竹内が肉体をかなり仕上げてきたとの情報があった。「その点どうか？」と問うと、毅然とした口調で竹内が語った。

「甘くないよっ。口で言うほどはね。寝不足なんで、ペースを考えられなくならないか心配だ。でも、這いつくばってでもゴールを目指す」

他の選手たちも次々と〝儀式〟に興じるが、うっかり靴を水没させた者も数名いた。

飯島が、「ＧＲＥＡＴ　ＥＮＤＵＲＡＮＣＥ」の横断幕を持ちながら声を張り上げる。

「残り3分ほどになります。大浜ではこれが待っていますので、これを4、5、6、7日後、触るために頑張ってください。……あと2分、花道あけてくださいね、花道！」

２０２２年夏、日本アルプスの彼方を目指す壮大な旅が、いよいよ幕を開ける。

1日目

「常識っていうのをばーんと潰していかないと面白くないです」

8月7日
August 7

3、2、1、……カウントダウンの最後、スタートを告げたのは、ゼロの唱和か、ブブゼラか、それをかき消すほどの大歓声が沸き起こる。最前列の端に立つ竹内が、人差し指を天に向けて突きだして意気込みをアピールする。狙って最前列に立った、ナンバー15・林《はやし》田《だ》裕介《ゆうすけ》（41歳）、もう一人、「目立ってなんぼ」と自らの心を奮い立たせて同じく最前列に陣取った野寄らが、大きく深呼吸をしながらそろり、一歩を踏み出す。左右に居並ぶ応援者の熱烈な声を背に、30人のランナーが徐々にペースを上げていく。

まず選手たちが目指すのは、剱岳の登山口であり、レース最初のCPがある馬場島（富山県中新《なかにい》

川郡《かわぐん》上市町《かみいちまち》）。標高0メートルの富山湾から、同750メートルまで、扇状地のロードを30キロ弱、ゆったりと駆け上る。CPを通りさえすれば、あとはどこを通ってもOKというルールだが、多くの選手たちは代々の出場者らに〝間瀬ルート〟として呼び親しまれている川沿いの凸凹道を進んでいく。選手たちも皆、研究を積み重ねて情報を収集しているので、およそ通るルートは絞られる。

　集団はまだガヤついていて、初出場の選手たちは誰もが上気した表情を浮かべている。その一人、ナンバー20・吉川賢一《よしかわけんいち》（44歳）。

「実感ないです。この後、何が待ってるんでしょうね、楽しみです」

　スタートからしばらくして、道がわからなくなった選手が叫んだ。

「貝瀬《かいせ》さーん！」

「はいはーい！」

　明朗な返事をしたナンバー6・貝瀬淳《じゅん》（35歳）が先頭に立ち、集団を引っ張る。そこにナンバー9・西田敦洋《にしだあつひろ》（37歳）など初参加組の選手がついて、一群を形成していた。かなり速いペースだ。テンションも高い。もっとも、貝瀬はとても謙虚だ。

「最初だけですよ」

　後ろには馬場、野寄、土井。

「大浜、みんなで行きましょう」

　土井がそう言いながらすっと、先頭に並ぶ。しばらくは貝瀬と並んで笑いながら言葉を交わすが、やがて集団から先行する。スタートから約10分、1キロほどの地点。

２０２２年大会でも引き続きメイン・ディレクターを務める北條雅樹が、走って追う。土井が北條に気づき、短く話す。

「アップみたいなもんです、この30キロは」

「速いですね」

「全然速くないですよ、これって。キロ６分くらいのペースじゃないですか。遅いですよ」

北條が土井に向けていたカメラを後ろに振る。すでに後続とは相当の開きが生じている。北條が土井に意気込みを問う。のっけから、あっけらかんと、土井の強い言葉が返ってきた。

「常識っていうのをばーんと潰していかないと面白くないです。僕がその一つのアクションになって、あとの人につながるようになったら、それが一番いい」

独走を開始した土井は、最短コースから外れないようスマホを片手に地図を見て自分の位置を確認しながら、ペースを上げてひた走る。

北條はスタート直後の撮影プランとして３～４キロほど追走するつもりで、４人のカメラマンと待ち受けの位置など割り振りを決めていた。メイン・カメラの責を負う筈井《はずい》貴之《たかゆき》カメラマンは、２０１８年大会以来、３回連続の参加。前回までいた音声マンを帯同させないことにした。音質より機動性を重視し、撮りっぱぐれのないように路線転換した。

筆者がディレクターを務めた２０１２年大会では、現在使用するものより一回り大きなＨＤＣＡＭカメラを使用し、さらに集音マイクを音声ケーブルでコネクトしたまま、走る選手を音声スタッフともども追走するという曲芸のようなことを行なっていた。さもありなん、しばしばケーブルが絡み、スタッフがもんどり打って倒れそうになり、選手に置き去りにされるということもままあった。そんなヘマはもう起こらない。

その他、アウトドア番組や、モニタリングなどの演出を多用する番組では欠かせないＧｏＰｒｏ《ゴープロ》、さらに３６０度カメラも投入した。選手の中に入り込んで撮影すれば、前後左右全選手の映像をとらえることができる。データはデジタル化されているので、のちの編集の時点で好きな部分だけを切り出して使用することが可能だ。

四半世紀前に筆者がテレビ業界に入った頃とは、何もかもが違う。この10年だけを見ても、撮影に関するテクノロジーは大幅に進化した。もっとも、何よりも大事なのは、そうした機材を〝どう使うか〟であることに変わりはない。

カメラマン４人とロケ車２台。撮りたい選手がいるところで、必要に応じて最少人数のカメラマン、もしくはディレクターが降車し、個別に追走する。やがて、一人で走る竹内の姿を見つけた。最年長ということもあり、序盤から注目しておきたい。

竹内には瀬川泰和《せがわやすかず》ディレクターがつく。２０１８年大会の番組化に際して竹内の自宅まで取材に行ったこともあり、顔見知りだ。竹内が瀬川にからかうように声をかける。余裕綽々《しやくしやく》だ。

「なんだ瀬川か。どうせ遅い奴、俺しか撮れんのだろう。どうせ使わないだろ、この映像」

のっけから鋭い一言だ。瀬川は「エヘエヘ」と返すが、タジタジだ。だが、竹内は我々取材スタッフの立場を実によく考えている。出発前の必携装備確認の合間に述べていた。

「僕らは遊びだけども、皆さんは仕事、それでおまんま食っている。それを考えると何かいい仕事をさせてあげたい。ちょっとの間かもしれないけど。こっちも『今は嫌』っていう時は、『タイム、×《バツ》』って言えばいいのかな。まあ、『ちょっと待って』って言う元気もねえだろうけどさ」

竹内は2016年、南アルプス荒川岳のカール下でランニングカメラマンの駒《こま》井《い》研《けん》二《じ》、通称〝コマケン〟に撮影された時のことを、ひときわよく覚えている。

「寝てる時、コマケンがずっと撮ってんだ。薄目を開けたら赤いランプがついててね。『なんで撮ってんの』って聞いたら『目を覚ます瞬間を撮りたい』と言ってね。鳥肌立ったね。こいつ仕事をやってるなと。それなら、いい仕事させてあげたいって気持ちになったんだ」

以来、撮っていい時と嫌な時をはっきり分けて、撮影陣に伝えてきた。

その竹内は、走りながらしばらく黙していたが、やがて語り出した。

「はっきり言って走りやすい。いつになく。過去2回に比べると、全然違う」

「それは気温ですか？」

「気温、気温。ちょっと雨も降ったし、空気中の水分も多いから。呼吸もしやすいし、足へのダメージがもう来てるけど、前ほどヘロヘロじゃないな。馬場島まではまだ半分過ぎたところだけども、私にとってはいいペースだと思う」

そして河田。北條が馬場島までの区間の間で一度は撮りたい、と思う選手だった。何よりも、スタートからゴールの大浜海岸まで「終始歩いていく」というその戦略に驚かされた。

「まったく見えなくなりましたね、前の人。寂しいです。追いつくといいですね」

事実、スタートから数分後には、前の選手たちは視界の中から姿を消してしまった。

「走らないんですか？」

「走らないです、まだ先は長いので。４００キロありますから、最初はゆっくりと行って、体を慣らしてから。僕みたいなのは走るより、歩き続けた方が速いです。普段は登山しかやってなくて、走るという概念があんまりないので。歩いて最後の大浜まで行きたいな」

北條は河田と軽くやりとりをして、離れる。


車を前に走らせると、大畑がいた。「どうしても望月さんと一緒に走りたい」と語っていたが、望月の姿は近くには見えない。すでに魚津の市街地から離れ、道路沿いには街灯はない。

漆黒の闇の中、大畑をパスして進むと前後10メートルくらいに延びた10人ほどの集団が見つかる。ペースは、キロ５分30秒から45秒程度。土井はキロ６分ほどのスピードを「速くない」と言ったが、この集団を進む選手にとっては、適正、もしくは想定より速いスピードと感じるはずだ。その中に、走りながらも素早くかがんでアスファルトの上に落ちているゴミを拾う選手がいた。望月だ。

「天気がよくなるようにね」

静岡市の山間部、市街地から車でも2時間ほどかかる井川地区で育った望月は、目に入るゴミを拾わないと山の神様のバチが当たってしまう、そんな素朴な思いから、ゴミを拾う。大人になった今も、子どもの頃に身につけた所作が、体の中に根付いている。

車で近づいて望月の表情を注視する。にこやかなように見えてその実、目元に笑みはない。全身に緊張感が漲っているようだ。

「やっぱり、２０１８年のレースの体への負担は大きかったですね。あれ以降、走っても楽しくなかったり。もう走るの、やらなくていいかなあと思ったりもしました」

数日前、北條は望月にインタビューを行なった。話の内容だけとらえれば弱気にも感じられる望月の姿勢。しかし、目には力強い光が宿っていた。北條もカメラマンも見逃さなかった。カメラはズームインして、目元を狙った。あの時の感覚は、間違っていなかった

集団の中の一人、西田は望月の背中に括られたヘルメットの「I'm back」の文字を目にしながら後ろを追う。戻ってきたレジェンドと一緒に走っていると考えるだけで、最高に痺《しび》れる。10キロほど進んだところで、集団は前後にばらけ始める。

土井を追ってスピードを落とさぬ2番手の集団の後方では、コースをよく知る地元・富山出身のナンバー25・松本貴宏《まつもとたかひろ》（50歳）や稲崎に、事前の試走をしていなかった関が加わり、前を追っていた。稲崎は本大会前日まで作業現場の香盤表を作成するなどの急な仕事に追われて、一睡もできないままスタートを切った。それによる寝不足がたたり、15キロ過ぎで早くも脚がふらつきだしていた。

車両部全体をとりまとめ、北條と共にトップ追いを担当するドライバーの上田晋平《うえだしんぺい》が、カーナビや手元のスマホの地図を頼りに、数キロの間に散り散りになってしまった他の3人のカメラマンた

ちの位置を確認、回収するためロケ車を回す。

2012年以降、ロードを進むトップ集団の選手たちを追う1号車を担当してきた。

「2012年大会の時には、携行缶にディーゼル用の軽油を入れて車に積みましたよ。どこをどう走るか、最終的に大会が終わるまでに何キロ走るのかも予測がつかなかったんで。4年後の2016年大会で、『まあ、そこまでいらないな』とわかりました」

北・中央・南、3つのアルプスを取り囲む高速道路、一般道、林道、および上高地や林道のゲート開閉時刻、移動に要する所要時間について、過去4回のロケを通して情報を蓄積し、他のドライバーたちに教え込んできた。

このレースでは、選手たちの走りに応じて、柔軟に撮影の態勢を変えていく必要がある。番組を見た人から、一人のカメラマンが一人の選手を最後まで追いかけているのか、と問われることがある。そうではない。地上と山岳、大別して2チームを構成し、各チームで数人のカメラマンが各々受け持つゾーンを定める。そのうえで、選手をバトンにたとえると、それを次々と別の担当カメラマンが追っていくリレーのようなスタイルを取っている。

そして最後尾の選手が通過したのを見送ったカメラマンは、次の現場へ先回りして向かい、やってくる選手を待ち受ける。そうしたことを何度か繰り返すのだ。

一方で、選手たちの進捗状況、順位やスピードは、予想とはかなりずれてくる。そのため、選手の動向に応じてスタッフたちから寄せられる急なリクエストに対しても、的確な判断を行なう必要がある。たとえば、「山から下りて車でピックアップしてもらう地点を、予定されていた地点から車での移動距離で１００キロ以上隔たったアルプスの反対側の地点にしてほしい。かつ何時間以内に迎えにきてほしい」といったような依頼は日常だ。今回のロケでは全7台のロケ車を用意。どこかでトラブルが発生しても、たちどころにフォローする態勢を築き上げてきた。

上田は撮影本部からのオーダーを取りまとめ、ドライバーたちがどこにいるかを確認しながらミスのない配車を行なう。なかなか気ぜわしい。

選手たちの動きにもさらなる変化が。平野部で河川敷沿いにルートがいろいろある地域では、他の選手の動きを探りながら進んでいた選手たちも、山が迫り、馬場島まで一本道になってからは、一気にスピードを上げていく。初出場の選手たちにとっては、想定外の速度だ。

その一人、ナンバー18・中島裕訓《なかじまひろのり》（43歳）。

「もっとこう、『集団でみんなで大浜海岸行くぞー』っていうノリって聞いてたんですけど、そんなのまったくなくて、わりかしバチバチですよね。初参加の人間には手厳しい」

午前2時35分・馬場島ＣＰ。トップの土井が闇に包まれたロードの中から姿を現す。ここまで上りの傾斜を、ザックも背負って「サブ４」レベルで走ってきた。剱岳登頂を目指す登山グループの横を駆け抜ける。

〝岩の殿堂、剱岳へ　『試練と憧れ』　ここから始まるＴＪＡＲは何とも感慨深い！〟

土井は自身のフェイスブックに、のちに記す。登山口に立ち並ぶ石碑の一つに、その5文字が刻まれているが、土井はそこで立ち止まったりはせず、一目散に登山口を目指す。

「行ってきます！　人が多い」

そう言うと、いとも軽やかな身のこなしで、木々の間に姿を消した。

早月尾根。登り口の馬場島から剱岳山頂まで、標高差は約２２４９メートル。ブナ立《たて》尾根（烏帽子岳）、合戦尾根（燕《つばくろ》岳）と共に北アルプス三大急登の一つに挙げられる。距離は７・３キロ。通常、標高差１０００メートルがしんどさの一つの基準といわれるが、その倍以上ある。コースタイムは9時間10分。前半は急登の続く樹林帯。コース脇には草が高く茂る所も多く、風が吹きつけなければ蒸し暑い道中となる。一方で、少しでも外れると足を踏み外して一気に滑落してしまう場所もある。標高２２２４メートル地点に早月小屋があるが、それ以外にはルート上には水場もなく、標高２６００メートルの標識を過ぎた後半には剱岳の象徴たる岩稜の尾根が出現。２８００メートル以降には鎖場が連なる。急峻に切れ落ち、脆《もろ》い岩もある。上級者向けのルートだ。

土井の通過からしばらくして後続の選手たちが次々と姿を現し、そのまま登山口へと吸い込まれていく。午前3時、望月が馬場島へやってくる。一言だけ、声をかけた。

「若い選手の人たちのペースは速いですか？」

「速いですよ、3時間ですもん。これじゃあ自分のペースを乱されちゃって、やばいぞ。自分のペースを守らないと」

２０１６年に大会新記録を作った時、馬場島には午前2時56分に来ていた。なので、今回、自身のペースが特段遅くなっているわけではない。トップ集団の高速化が進んでいるのだ。

「もう、早く山に入れてくれって！」

応援者の拍手に包まれながら、望月が登山口から力強く登り出す。順位は6位。

真っ暗なロードで見上げた星の美しさは格別だった。これからは樹林帯の中を行く。明日の夜、どこにいるのか。その時、星空を見る余裕が、あるだろうか。

望月のペースに引っ張られすぎたせいか、早くも調子を崩す者もいた。その一人、ナンバー23・井《い》出《で》善啓《よしひろ》（46歳）。「ついてきてよ」という望月の声を受けて追走してきたが、馬場島のキャンプ場手前3キロほどのところで、右足膝上部の腸脛靭帯に違和感を覚え出していた。マッサージをして、望月に10分遅れで馬場島から山へと分け入る。

午前3時30分。竹内が来る。

「さー、始まるよ。さぁ！」

走りながら右手を上げて天を指し、自らに気合を入れていざ、北アルプスへ。

さらに30分後、松本、稲崎らが来る。稲崎が気持ちを切り替えつつ一言。

「皆さんのスピードがすごい。よし！　では、マイペースで〝次〟に行きます」

最後尾は河田。ストックを突きながら、走らずに進んでここまで来た。登山口手前の水場では体も洗った。抜かりなし。午前4時50分に登山口から早月尾根へと入る。

満天に輝いていた星々はいつしか姿を消し、青空が広がり始めていた。馬場島までのトップ追いとロード全般の撮影を担当する北條らのチームは、初日の撮影を切り上げる。

2日目早朝にも上高地の関門まで駆け下ってくると予想される土井を待ち受けるため、移動を開始する。

明け方、早月尾根を急ピッチで駆け登る選手たちのヘッドライトの連なりを、山頂近くにいた折《おり》笠貴《かさたかし》カメラマンがファインダーにとらえる。背後には、燦然《さんぜん》と輝く魚津の街並み、その向こうには日本海。タイムラプス（コマ送りのような撮影技法）でとらえた映像の中を素早く移動する光。その一人一人が、大きな憧れを胸に抱きながら、これから試練に立ち向かう。

午前5時過ぎ、夜が明ける。標高2999メートルの剱岳の偉容が姿を現す。「岩の殿堂」の名にふさわしい。

山頂手前の岩稜帯では、ランニングカメラマンの駒井が日の出前から待ち受けていた。数多くの選手がこれまで「コマケンにつかれると、圧を感じる」などとあちこちでイジっていた。駒井はあまりしゃべらないので、おっかないと感じる者もいる。ただ、ＴＪＡＲ草創期にはランナーとしても出場・完走を果たしており、一定の尊敬を受けている。

その駒井の前に、トップの土井が姿を現す。コースタイムの30パーセントというとんでもないスピードでここまで駆け登ってきたが、その表情はいたって普通だ。

駒井が土井に先行して進み、腕をひねって後ろ向きにカメラを向けながら、時折、体調を問う。不自然な姿勢ながら、カメラのフレームにはぴったり土井の姿をとらえ、水平も外さない。おそるべき体幹能力でバランスを取りながら、鎖もつかまずに切り立った断崖をひょいひょいと跳《と》び渡り、今度はコース外の岩の上から土井を狙う。現代の猿飛佐助か。

駒井のとらえる映像には時々、土井の脚がアップで映り込む。遠目にはすらっと見える土井の脚だが、その実、ふくらはぎは非常に引き締まっている。

土井は午前5時40分に剱岳登頂を果たす。馬場島から3時間。前回大会より30分も早いペースだ。20人近い関係者やファンが驚きと歓声を上げ、激励の言葉を投げかける。軽く頭を下げて笑顔を見せるが、休むことなく、下山を開始する。

「ちょっと速いんですけど、別に無理してるわけじゃないんで」

駒井はそう語る土井を追って、前剱に向かう途中にある鎖の岩場「カニのヨコバイ」突破の場面もフォローする。一般登山レベルでは最高難度を誇る剱岳登山。その中でも最も緊張を強いられる地点だ。手足を滑らせると、数百メートルの滑落につながりかねない。駒井はここでも自在に立ち位置を変えながら、土井の姿を追う。

2番手は貝瀬。暑い樹林帯で汗だくになりながら、かなりの水分を消費してきた。5分遅れて、3番手で望月が登頂を果たす。午前6時36分。

「だいぶやられたぞ、今年は」

「何にやられたんですか？」

「速さとスピードと。以前みたいに軽くない。もっとひょいひょい上がれたんだけど」

早月尾根で3人を抜いた望月。それでも十分ではないと言う。話している最中にも、ファンの声援がやまない。「カッコイイ、レジェンド！」などと、応援の声が飛ぶ。

「アイムバック！」

望月は声援に応えつつ、背中のヘルメットを指さして自らを鼓舞し、断崖を下っていく。身のこなしは軽く、カニのヨコバイで貝瀬をさっとかわして早くも2位に浮上する。勤務先の消防署で行なった事前インタビューで、望月は語っていた。

「山頂で景色を目にすると心がパッと晴れるというか、軽くなるイメージがあるんです。ちょうど剱岳に上がった頃に、少し調子がわかるんじゃないかと思います」

「だいぶやられた」のか、「アイムバック」なのか。本当は、どうなのか。


上位の選手が通り過ぎた午前8時頃になると、剱岳一帯は見事に晴れ渡った。折笠カメラマンらが、ドローンを用いて剱岳の全景の撮影を試みる。

10年前の『NHKスペシャル』制作時は、稜線を進む選手たちの姿をとらえるため、2機のセスナ機を北と南アルプスに配置した。セスナ機下部に設けたレンズを機内から操作して撮る、という方法を試した。だが、結果はイマイチだった。安全管理上の観点から、取材対象である選手がいる山体とは一定の距離を確保する必要があり、機体も小回りが利かなかった。それが今では、ドローンを使用しての質の高い空撮が可能となった。隔世の感がある。

もっとも、折笠はＳＮＳに以下の言葉を記した。大切なのは、基礎的な心構えだと。

「２０１２年のＮＨＫスペシャルという番組から10年、この大会を何度か撮影してきた。最初はＨＤＣＡＭという重くて大きいカメラを背負って行った。そして一眼カメラ、ドローン、ゴープロ、ジンバル、４Ｋといった機材の登場。タイムラプスや高感度夜間撮影といった方法も時間に追われるレースの中で試した。雨や風、近づいてくる雷、何度となく台風に翻弄され、最新機材はただのお荷物になった事が何度もあった。結局、三脚にカメラを乗せてアングルを決める、フォーカスを合わせてアイリス（注・絞り）を決める、落ち着いて滑らかなワークをする。当たり前の事が大切なんだと今、思う」

さて、剱岳へ登りついた選手たちは、しばし感慨にふける。その一人、大畑。

「疲れました。でもこの景色、最高じゃないすか。景色最高っす」

そして中島。学生時代以来、20年ぶりの剱岳登頂を果たした。

「景色見たら、テンション上がりますね！　さっきまでガスってて見えなかったんですけど。景色を見て久々にいい感じです」

折笠は少しだけ話をして、「頑張ってください」と一声かけて送り出す。何用あって登るのか。還暦を迎えた身での山岳撮影は体に堪《こた》えるが、選手たちの姿を見ていると、自分の体にも力が湧いてきそうだ。

　一方、絶景を見て英気を養った中島はこの後、立山へ向かう途中で横井と合流する。ガスで視界が極めて悪いため、経験者の横井についていったところ、別山分岐でコースを間違え、剱御前小舎《つるぎごぜんごや》へ到着した。

「迷子です。ガスでこっちかと思って、そのまま行っちゃいました。引き返します」

「どうなってるんですか、この17番は！　去年も出られてるし、試走もしてるのに。でも、これもトランスジャパンですね」

　中島が横井のビブスを指さしてからかいながらも、話にオチをつける。

　さらにこの後、二人は登り返してからも別山北峰《ほっぽう》に行ってしまい、時間をロスしてしまった。その後の一ノ越への下りでは、子どもたちの集団登山のグループとかち合った。だが、山道が大渋滞となったこともあり、ゆっくり休み、気分転換ができたのはよかった。

　まだまだ、先は長い。


　トップの土井は快調に走り続け、剱岳から直線で５キロあまり隔たった立山（大汝山・標高３０１５メートル）へ。途中、登山者がいれば道を譲る。午前8時20分、一の越山荘へと姿を現す。前回大会よりも30分早い。飯島が迎える。

「速すぎだよ」

「そうですよね。やばいすよね。潰れたらちょっと笑ってください」

大阪市消防局でレスキュー隊・隊長を務める、土井。

「扉が施錠、施錠やわ！　村田！　破壊して!!　ヨシ！」

事前取材では、訓練の様子を撮影した。空気呼吸器や救命器具、消防服、諸々合わせて重さ20キロにも達するフル装備で、部下たちに的確な指示を飛ばし、自らが先頭に立って対応に当たる。夏場だと、気温は30℃を超える。その表情は真剣だ。

「要救助者発見！　これより救出に当たる」

火災が起きた際、1秒でも早く現場に急行できるよう、消防車の隊長席足下には消防服のズボンを、すぐ脚を突っ込める状態で置いている。さらに座席の背もたれには上着を、その脇には背中に背負う空気呼吸器を。

「すぐズボンを穿《は》けて、次に上着を着れて、ベルトを締めて、呼吸器をつけれるように。これも災害に備える準備です」

現場では、立ちこめる煙で10センチ先も見えない中であっても、そこに逃げ遅れた者がいると情報が入れば、隊員を飛び込ませるかどうかの判断も行なわねばならない。

要救助者、逃げ遅れている人の命とともに、隊員の命、その隊員の後ろにいる家族の命も預かっているという気持ちを強く持たないと務まらない仕事だ。

命の重みと日々向き合いながら、常に自分でやれることは何かを探ってきた。そこで培われた強靭なメンタリティーは、レースと向き合う上でも大きな力となっている。

午前9時30分、獅子岳のジグザクの登山道を一定のペースで駆け下りる。岩場を下りるあたりで登山客が土井の姿に気づく。

「なんか、やってはるんですか？」

「ぼく、消防なんで、ハシゴとか得意なんですよ」

土井、あえてTJARのことを説明したりはしない。とぼけて、妙味を出して見せたか。

「いや、レース出てはる人や！」

「そうそう、静岡まで行くやつ！」

「陽希《ようき》さんと一緒の？」

「陽希さんと一緒じゃない！　陽希さんはもっと行く！」

土井は必要以上には話し込まず、一定の距離感をキープする。あくまでも自分のペースを保って、走り続ける。登山者の脇を抜け、やがて雪渓に行き当たる。時には、足下の雪をぬぐって腕になすりつける。体温を下げるためのテクニックだ。

五色ヶ原へは前回より20分早い午前9時55分に到着。ここで初めて休憩を取る。水を補給し、足のケアを行ない、補給食を摂取する。わずか6分後に出発。

土井から1時間あまり遅れて、望月が一の越山荘に姿を現す。「記録と記憶を残すレジェンド望月将悟」という横断幕を手に持つ者がいる。指笛や、「将悟ファイトー」という声もかけられる。沸き起こる大歓声に、「しーっ」と人差し指で注意を促しつつ笑みがこぼれる。

「静かに！　ありがとね。結構待ったでしょ。頑張る。まあぼちぼち。じゃあ行きますね！」

土井同様、望月もほとんど休憩を取らずに先へ進もうとする。

ディレクターの杉目《すぎのめ》七瀬《ななせ》が、２０１６年とタイムがほとんど変わらないことを伝えると、一言だけ返す。

「タイムはもう、どうでもいいです」

望月はこちらを振り返らずに、素っ気なく答える。

その後も五色ヶ原を目指す途中のあちこちで、登山者からの撮影依頼に対応することを厭《いと》わない。

「カッコイイ。レジェンド」

まるでスーパーマンを見るかのような眼差しが、あちこちから飛んでくる。

２０１２年大会時の番組編集に携わり、今回も前編99分間を担当した編集マンの山﨑裕康《やまざきひろやす》。「この番組には特有の難しさがある」と指摘する。

「編集マンは取材対象に感情移入しちゃいけないんです。ディレクターは取材をしているから、どうしても感情移入しやすい。そのため編集マンがドライに『伝わる映像か、伝わらない映像か』『感動するか、感動しないか』を冷静に判断しないといけない。でも、この番組はそれがしづらい。見ていて、どうしても感情移入しちゃう。距離感を取るのが難しいんです」

その山﨑は、編集初期に撮影素材を一通り見終わった時点で語っていた。

「望月さんを応援する人たちの距離が近すぎます。10年前はもう少し離れて、じっと見る感じだったのに。これじゃあ、望月さんが痛々しい」

山﨑は、望月の表情をとりわけじっと見続けた。まるで、〝プロ〟の表情だと指摘する。

本来、市井《しせい》の一消防士だったが、4連覇、続いて完全無補給での完走を達成させ、その勇姿がテレビで放送された影響もあって、多くのファンが生まれた。

静岡県内では特に、存在感を放つ。「無火災へ向かって駆け抜けよう！」という標語と共に、笑顔で山を登る望月の姿を大写しにしたポスターは、勤務先の静岡市消防局しずはた出張所のみならず、県下のいたるところで目にするまでになった。

消防局の職員にインタビューしても、冗談半分ながら「神様みたいな人です」と言う者、さらに「将悟さんのもとで仕事をしたくて、去年から入りました」と言う者までいる。

その望月だが、山の上では応援者との距離が、とりわけ近い。ファンなら応援したくなるし、声もかけたい。望月は、そのたびに迷いなく横に並んで写真撮影に応じる。厄介な撮影クルーも張りつく。これでは、自分のペースでレースを続けていくのは、かなり難しい。

純粋に山好きだった望月は背負うものが増えた今、どのようにメンタルを保っているのか。プレッシャーを外に見せたくはないだろうが、それにも限度があろう。この先、一体どうなってしまうのか。山﨑は、映像に映し出される望月の表情を見て、不安を感じた。

五色ヶ原手前、獅子岳では、旧知の田中正人カメラマンが並走した。鬼軍曹というニックネームで親しまれている田中はここ数年、アドベンチャー・レースの第一人者という位置づけで知名度を上げているが、TJARで優勝2回（2004年、2008年）の戦績を持ち、望月にとっては気兼ねなく、なんでも話ができる兄貴分的な存在だ。

「ペースが速く、折り合いがつけられない状態です。体が悲鳴を上げていて、もう勘弁してくれって言ってる。踏ん張りがきかなくて、本当に怖いです。本当にゴールまで行けるのかと。この先、辛いことはわかってるので……。辛いことも、長いことも、脚が痛いことも、眠いことも」

その少し後、望月が少しバランスを崩す。

「こんなんなること、なかったんだけどね」

苦笑するしかない望月。そのしばらく後も、足下を誤って、木に突っ込んでしまう。

2010年、初めてTJARに出場した時は何もかもが新鮮だった。翻《ひるがえ》って、今回の出場にあたっての目標はなんだろうか。田中と話していると、つい「キツい」という言葉が口から漏れ出る。そうすると、本当にキツい気持ちになってくる。2位をキープしているが、今までのレースでは味わったことのない疲労を感じ始めていた。


ここで、他の選手たちの動向を見ておく。

3位の貝瀬。剱岳で自分を抜いた望月とトップの土井について立山の山頂手前で語った。

「望月さんは完全にゾーンに入ったなという感じで、無理ですね。土井さんは別次元ですし。あ、決して、消防３人で頑張ってるわけじゃないです」
「……上位３位までが、消防士⁉」
「仕事がどんだけ暇なんだって思われたら、ヤバい！」
貝瀬が謙遜と、自虐的セルフ突っ込みを混ぜ込んだまとめをもって、締める。

貝瀬は深い山々に囲まれた新潟県南魚沼市の出身。ヘルメットに貼られる雪男のステッカーが目を引く。地元酒造会社の商品キャラクターだが、貝瀬に重なって見えるのは気のせいか。初出場を果たした２０２１年大会は、中止が決まった時点では３位だった。高校時代には競歩の選手として、全国大会で４位の成績を収めた。大学へはスポーツ推薦で進学するが、高校時代からのケガが再発し、満足のゆく成績を残せなかった。その後、父親の突然の死をきっかけに故郷へ戻る。南魚沼市消防本部に入り、山岳救助隊員になる。今ではほぼ毎日、３人組の救急隊の隊長として、救急活動に勤しむ。

私生活では、母を助けながら二人で暮らしてきた。山に登り始めたのは23歳の頃。山の魅力にとりつかれ、休日返上で山に分け入るようになった。

２０１０年頃、古本屋で手に取った雑誌の記事でＴＪＡＲを知る。自分には縁のない〝いかれた世界〟の話だったが、自分の山でのスキルが上がるにつれて惹かれるようになった。

練習は、主に地元・巻機山《まきはたやま》で行なう。フルマラソンの記録は２時間35分。かつて大学へ送り出してくれた親や先輩、先生らに自分の努力した証を示したい。

「登っている時は辛いんですけど、ある程度の高さまで行くと、高い木がなくなって、見晴らしがよくなるんですね。そうなった時の爽快感が好きです」

2021年にロケした時、インタビューに答えた母親が貝瀬の将来を案じていた。

「山に〝山ガール〟はいないかなあ、と思います。もうね、そろっと、嫁さん連れてきてくれるといいな。走る時に『嫁募集』って貼って」

貝瀬は予期せぬ母親の〝口撃〟にカメラの横で戸惑いの表情を浮かべていたが、その貝瀬自身が今回の参加動機に〝完走しないことには次の人生のステップ（嫁探し）に踏み切れないのでw〟と書き送ってきた。どこまでも憎めないキャラクターである。

「どっちだっけな、と思いまして。……右だった気がするんですよね」

ここ立山は霊峰として知られ、古くから山岳信仰の対象として尊ばれてきた。と同時に、複雑に入り組んだ登山道が四方八方に延びていて、うっかりすると道を見失ってしまう。

貝瀬がルートを確かめようとザックから地図を取り出して眺める合間に、ザックを指してカメラマンに話しかけた。

「去年、職場の先輩だった方で、山好きな方なんですけど、仕事中に山の事故で亡くなられて、その方の形見なんですよね。だから一緒に連れてってあげようって」

貝瀬は、とびきり人なつっこい表情でそう語った。心優しき男は先輩の想いを受け継ぎ、太平洋・大浜海岸を目指してひた走る。

貝瀬のあとには、ナンバー14・木村直正《きむらなおまさ》（41歳）、ナンバー１・石尾和貴《いしおかずたか》（33歳）、野寄、馬場ら走力的に前評判の高い選手らが続く。馬場は、登りの心拍数が１３０を超えないようにペースを抑えながらレース展開を組み立てていた。自らの経験上、心拍数が１３０以下であれば、連続して20時間行動しても疲労が極端に蓄積することはなく、90分の睡眠を取れば体力を回復できると見立てていた。この後も、そのリズムをキープしながら走るつもりだ。


時間は前後するが、中下位選手たちのトピックを抜き出しておく。

場所は一の越山荘。担当ディレクターは杉目。この番組への参加は初めてだ。

大畑が、ナンバー３・保田直宏《やすだなおひろ》（33歳）とともに立山から下ってきた。

杉目がゼッケンを見て、手元にある30人分の選手データカードを見返す。選手の顔写真、名前、年齢、来歴、意気込みなどを名刺サイズのラミネートカードに一人ずつ印刷し、綴《つづ》ったものだ。大畑の場合は、以下のようになる。

8　大畑匡孝（おおはたまさたか）静岡・37歳　２０２０出場
絶対王者・望月の弟子　昨年は薬師で早くも幻覚……
ＰＯＩＮＴ・昨年中止リベンジ組（←赤字で記される）
・念願の望月とのレース「一緒に走れる、死んでもいい」

・昨年は薬師でテントの幻覚
・地図読み、サバイバル技術に自信
・望月との思い出の場所　静岡しずはた消防署まで辿り着けるか？

杉目が大畑に近づく。常に柔らかい笑みを浮かべている大畑だが、意外に繊細な気質で、初めて出場した2021年大会では緊張のあまり、スタート前日はほとんど眠れなかった。今大会の選考会ではどうしても出場したいという気持ちが強すぎて、プレッシャーに押しつぶされそうだった。だが本大会では、ある程度リラックスして臨めているようだ。

「望月さんと一緒に走れている、というのはどんな気持ちですか？」

「心強いです。同じコースを将悟さんが走ってくれてるんで、心の中に将悟さんがいます」

ここで、横にいた保田が大爆笑する。大畑が取り繕う。

「ちょっと……くさいかな、今のは？」

「なんか、気持ち悪いかな？……」

「ちょっと、カットでいきますか」

冗談はともかく、このレースでは兎にも角にも、師と仰ぐ望月の山の登り方、走り方、呼吸の仕方、回復の仕方、すべてを目で見て我が物としたい。憧れの先輩にどこまで迫れるのか。保田と共に、前を行く望月を目指して走り続ける。

もう一人、突出して目立つ選手がいた。ナンバー16・久保《くぼ》和範《かずのり》（41歳）。チェック模様のパンツに、紫色ベースの派手なウェア。押し出しの強い、白く太いフレームのメガネ。あまり見かけないデザインだ。選考会でも同様にド派手な格好をしていた。お笑い芸人の〝ですよ。〟に似ていると指摘する者もいた。杉目の前に立つ久保は、肩を露出させた格好で立っている。杉目が恐る恐る問う。

「いつも、そういう格好で走ってらっしゃるんですか？」

「そうです。派手なのが好きだから、かな」

「いつもノースリーブなんですか？」

「切るんです」

「切るんですか？　上着、防寒具は持ってらっしゃるんですか？」

「もちろん、そりゃそうですよー、必携品ですから」

久保が笑って応じる。「ゼッケンが白色なので、他を派手にしてみた」とのジョークも飛ばした。実は、あたりもソフトで、とても話しやすい人物だ。

主にロードを走ってきて、フルマラソンでは2時間57分の記録を持つ久保が、トレイルランを始めたのは２０１８年。その秋にＴＪＡＲの番組を見たが、当初は「自分には関係ないこと」と考えていた。その後、２０２１年9月に北アルプス縦走に挑む。山小屋に泊まるのは人生で初めてだった。そこで手応えを得て、ＴＪＡＲへの挑戦を決意。テント泊、雪山登山も開始し、1年経たずに本大会出場を果たす。先輩から「急にＴＪＡＲ戦士」とからかわれた久保は、大会公式ホームページに「おそらくＴＪＡＲ２０２２に応募した選手の中で一番実力、経験が無い人間です。己の弱さと向き合うと同時にこの舞台に立てる喜びを噛み締めて挑みます」と記した。ここまではどうか？

「最近、足が遅くなっちゃって。走力が戻ってきたら、またチャレンジできたらいいなっていう感じなんですね。半分諦めてます」

久保は、走っていて力が湧き出てこないと感じていた。ハンガーノックではないかと疑い、カレーめしに湯を注いで食べてみたが状態は上向かず、この時、絶望を感じていた。急激な運動によって、体内に蓄えられた栄養源であるグリコーゲン（糖質）を使い切ってしまうことで起きる低血糖状態、それがハンガーノックだ。動悸、手足の痺れ、体の震えなどの症状が発生するが、最悪の場合、死に至ることもある。久保は一瞬、リタイアも考える。だが、この日のうちに五色ヶ原まで向かい、一度寝てパワーを回復させて体調を確認してから、関門に引っかかるまでやってみよう、と気持ちを新たにした。

一の越山荘を飾る名物の一つが、私設応援団の存在だ。家族・友人・勤務先・サークル、応援者たちの属性もスタイルも様々だ。その一つ。〝めざせ、完走〟などの応援メッセージを渋いフォントで名前と共に記したものを持つ女性たちの集団があった。

「アレや、あれ。けんちゃん！」

女性たちが指を差す先に姿を現したのは、稲崎謙一郎。妻とその友人、ランニングチームの仲間、職場の同僚たちが、応援にやってきていた。

「いっせーのーせ、けんちゃーん」

自分の名を大声で呼ばれた気恥ずかしさからか、〝けんちゃん〟こと、稲崎が小さく片手を上げる。注意深く足下を見ながら、下りてくる。実はこっそり涙を拭き取っていた。

少し手前にある大汝山に予定の1時間遅れで到着した時には、誰か待っていてくれると思っていた。だが、誰もおらず、少しガッカリした気持ちを抱いていた直後での温かい声援だった。

「遅い！　バスの時間があるから、もう下りる」

突然、詰められる稲崎。どうやら、下山するバスの最終便の時刻が迫っているらしい。「間に合うんか？」と心配をしつつ、慌ただしい中で妻と横断幕を持って、ツーショットで写真を撮る。

「心が折れそうになった。えらい大変だわ。どうしよう、どこまで行くんかな」

「どーせ、自問自答しながら行かなきゃならない」

「うん。とりあえず行ってくるわ」

妻や応援者を待たせてはいけないという気遣いからか、すぐにその場を離れる稲崎。途中で振り返って、手を振る。

ちょっと離れてからカメラマンが「すごい応援でしたね」と問うと、

「恥ずかしい。いい歳こいて」

稲崎は、はにかみつつも満面の笑みを浮かべた。

そして竹内。一の越山荘には、29番目にやってきた。馬場島から登った先に位置する早月小屋手前では、笹の朝露で気持ちよく顔を拭いて体のほてりを取ろうとする竹内を見て、初出場の選手がその経験値の高さに感心していた。だが、スタート直後の好調さから一転、剱岳を越えて調子を崩し出していた。雲の隙間から照りつける陽光は、竹内にとってはレーザービームのように忌々《いまいま》しいものに感じられた。さらに胃は水すら受けつけず、脚は熱疲労で思うように動かない状態に陥っていた。

「最悪だな。まあ、いつもだね。何も食べれない。胃薬だけは持ってきたけど、いやあ……」

「今日はどこまで行こうと？」

「地の果てまで……かな。60になって完走したかったんだけど、4年間のブランクは大きいよね」

福井県敦賀市に暮らす竹内。長年、技術者として原子力発電所の仕事に携わってきたが、2年前、60歳を節目に退職。今は1年ごとの更新で再雇用職員として関連施設である技術実証試験・交流棟で、廃止措置試験施設の安全管理に携わる。日々、原子力機構と記された白色のヘルメットを被り、機器のメンテナンスに余念がない。

「悪あがきはいい加減にせいと言われ続けてきました。そんなもの、しゃらくせえって！」

キレよく、啖呵《たんか》を切る竹内。若い頃、虚弱体質だった自分を変えようと山小屋でアルバイトを始め、山にのめりこんだ。２０１２年に、50歳を超えての挑戦開始。２０１４年選考会落選。２０１６年大会では本大会出場を果たすも、南アルプスから下りてきた井川関門で失格。現場に駆けつけた妻の前で「ごめんよ」と落涙した。そして２０１８年、念願の完走を果たす。58歳での完走は最高齢記録。今度はゴールで大泣きした。今回のテーマはなんだろうか。

「目標は特になかったけど、次は60歳を超えて完走したい、と奮起しました」

還暦を超えても、なおも続く挑戦。最も若い石尾と30歳近くもある年齢差。並の精神力では、この決戦の場まで辿り着くことなどできるはずもない。

今回こそが〝苦悩の集大成〟と述べる竹内は、「栄光のナンバー30に恥じぬよう、蜘蛛の糸が途切れるまで耐え凌《しの》いで、納得のいく卒業という形を取りたい」と意気込みを述べていた。家の近所の１７０段の階段を毎日20往復するトレーニングを重ね、体を鍛えた。

「数えてたけど、わからなくなっちゃった。これが終わると一日が終わる、そんなイメージなんだ。これで今晩もホッとして寝れるよ」

大会前のロケで、階段を駆け上がったあと、必死に「ハァハァ」と大きく息を吐き出しながら語った竹内の表情は、この上なく充実しているように見えた。与太話だが、編集マン・山崎の指摘によると、撮影素材を見返すと竹内は何度走っても、必ずカメラ向きに大きく口を開けてから、辛そうな表情をして見せていたという。サービス精神の発露か。竹内の気配りと余裕を感じさせるエピソードだ。

竹内には、40代後半で結婚した妻の典子がいる。

「10年間も同じ夢を追い続けられるのは、ある意味幸せなことじゃないかなと思います。その半面、一人で山にどんどん行ってしまうので、帰ってくるまで心配は尽きないです」

そう語る典子に、竹内は今大会の出場前に〝誓約書〟を提出した。

一、大自然の中で自然に対しての畏敬の念を持ち無理しないこと。
一、これが最後と肝に銘じて、十年間を振り返り一歩一歩かみしめて進むこと。
（蜘蛛の糸が切れた時が卒業）
一、山屋の端くれとして、おごりたかぶることなく応援する方々に感謝の気持ちで接すること。
一、ゴールは大浜海岸でなく自宅がゴール。何が何でも無事帰ります。
一、最低一年に一度典子と一緒に登山。卒業旅行、新婚旅行２０２５　３月まで
No.30　岳蔵。　２０２２　７／11

Ａ３サイズの紙に、油性マジックで丁寧に書きつけられている。

「泣いても笑っても、これで終わりにしようと思います。スタートして1日目でアウトでも、それで終わり。節目なんで。10年間いい夢を見させていただいた。終わり、卒業です」

結婚してからもつい、ＴＪＡＲを優先させてしまった竹内。ここまで10年間、大きな度量で自分のわがままを受け入れてくれた典子に、いの一番に恩返しをするつもりだ。

その竹内、後ろには河田しかいないと知り「まずいな」と呟《つぶや》くと、慌ただしく出立の準備をする。

最後と決めたレースでどこまで粘れるか。〝駆けっこ歴〟数十年の男が、立ち上がる。

最後尾は河田。一の越山荘に、なかなか姿を見せない。午前9時には早月小屋にいた。すぐそば

で横になっていた久保が出発したあとも、ベンチに座ってトレイルバターをスプーンで平らげる様子を目撃されている。最後尾の選手につくスイーパーから「いまさっき、『行きます』って言ってたのに」と呆れられたが、本人はいたってマイペース。続いて12時過ぎ、剱岳直下の急峻な尾根を下る様子を、稲崎を追う地元民放局に撮られた。足元はふらふらで、岩稜の途中で眠り込んだ。放送では「大丈夫だろうか」とテロップを打たれていた。この先どうなるか。

ここで話をトップの土井に戻す。午後2時7分、望月の持つ大会記録に2時間先行し、北アルプスの中盤、スタートから63キロに位置する薬師岳へと至る。「北アルプスの女王」と呼ばれる名峰だが、その足元には巨大な岩が連なる岩場が続く。どの選手たちにとっても、スタートからの疲労が溜まり出す頃だ。

〝薬師岳。なかなか到着しない。北薬師岳を越え、ガスの合間から見えた薬師岳に感動する。なかなか着かない、なかなか見えない…という状況が感動を倍増させる〟

（土井のフェイスブックより）

外から見るととんでもないスピードで疾走する土井だが、本人は後日、こう記す。薬師岳を経て槍ヶ岳までは20キロ。薬師岳山荘、太郎平と、登山者、応援者の励ましを受け、疲労や眠気と向き合いながら進み続ける。

新型コロナの猛威が吹き荒れる中、思うような練習ができなかった。大阪府下に緊急事態宣言やまん延防止等重点措置が出ている間は、府外に出なかった。そのため、ベースとしてきたのは標高600〜700メートルほどの生駒山。さらに人の多くない時間を選びながら、重い荷物を背負って走ったり、低い山を長く行動してレースをイメージしたりするなど、地道な練習を続けた。その努力は初日から、奏功している。

太郎平小屋では40人以上の応援者が列をなして、道を作っていた。

「補給せず、スルーします」

そのことを丁寧に告げる。とはいえ、速度を緩めながら応援者へお辞儀をして横を通る。

「嬉しいなあ」

何度も頭を下げ、片腕を上げて応じるが、やがて走り出す。振り返りはしない。

太郎平小屋を過ぎてからは、土井にとっては〝我慢の区間〟。下見を行なっているので、この区間の長さもよく知っている。ここからは明治大学山岳部で主将を務めた経験を持つ、三戸呂《みとろ》拓也《たくや》カメラマンが土井を追走する。持ち前の粘りで、土井から離れない。

再び、土井のフェイスブックより。

〝いい画が撮れないかと、今か今かとその瞬間を待ち望んでいるNHKカメラマンが虎視眈々と狙ってくる。カメラマンとのしのぎ合いだ。結局その時間は2時間にも及び、痺れを切らして声をかけて離れてもらった。しのぎ合いの勝敗は…気にしない気にしない〟

三戸呂がいなくなると、土井は黒部五郎岳の分岐で少しだけ横になる。その時間は、5分間。少し目をつぶるだけでも、気持ちが違ってくる。

その後、双六小屋へ午後8時30分に到着。さらに槍ヶ岳を目指す。ペースは落ちない。

土井の山との関わりは小学校低学年まで遡る。山好きだった両親に、北アルプスの西穂高などへしばしば連れていかれた。登頂後に食べたカップラーメンは確かに美味《うま》かったが、ちっとも楽しくはなかった。その後、小学6年生から社会人になるまでずっと、バスケットボールに親しんだ。大学卒業後、消防局に就職。23歳の頃に職場の先輩に連れられ、久しぶりに登山に興じた。本格的に再開したのは30歳の頃。前後してロードのランニングを始めた。ロードレースがない夏場にはトレイルランレースがあると聞かされ、31歳で初めて大会に出場、優勝を果たす。

その9カ月後の２０１４年。１００マイルレースのＵＴＭＦに出場し、日本人選手中3位という好記録を収めた。自分の力に驚いた。まだまだ走れるのかもしれない、と。

そして今がある。どこまでみんなをワクワクさせられるのか、自分との戦いは厳しくもあるが、体の底から歓びの念が湧き上がってくる。

ここで時刻を夕方に巻き戻し、後続の選手たちにフォーカスする。

土井がすでに通過した薬師岳では、雲海越しに見事な夕陽が姿を現した。その山頂近くにいた平《ひら》出和也《いでかずや》、濱野《はまの》実《みのる》ら数人のカメラマンが、たっぷりと夕陽の実景を撮影した。のちに編集作業を担当した山﨑は、各カメラマンの手間隙《ひま》をかけたカット一つ一つに目を通した。

「俺のカットを使うよな？」

各カメラマンの撮ったすべてのカットから、無言のプレッシャーを感じたという。

雲海に夕陽が沈む超絶スケールの絶景をバックに、ナンバー7・佐藤崇樹《さとうそうき》（36歳）が、後ろに続く野寄の声援を受けながらゆっくりと登ってきた。撮影は、登山界で最も名誉とされるピオレドール賞を日本人最多となる3回受賞している平出。

「今日イチじゃないの、この景色」

佐藤が感嘆の声を漏らす。そのそばで野寄が平出に抱負を問われ、余裕をもって応じる。

「ちょっと、一皮剝けたかもしれないですね。今回は完走します。オッス」

野寄は、2021年大会でも林田を引っ張って進む様子を平出に撮影されている。

「また今回も、仲間を励ましながら歩いてますね」

「そうですね。僕も励まされ、前後交代しながら引っ張り合って、スゴ乗越《のっこし》から来ました」

薬師岳頂上部への登頂を果たした喜びから、野寄が佐藤とグータッチを交わす。

佐藤はレース前に子ども二人とテレビ電話をした際、いつもはママっ子な二人に、急に「パパがいい」と泣かれてしまい、これは何か不吉なことが起きるのではないか、と心配になっていた。だが、ここまでは順調。この夕景を前にすると、抱えてきた雑念も吹き飛ぶような気がする。

「ほな、下りましょか」

「下りますか」

6日以内のゴールを目標に掲げてスタートに立った佐藤にとっては、初日のうちにここを越えられるかどうかが一つの目安となる。佐藤は序盤から「一生懸命になりすぎないこと」を心がけて、ここまで来た。「足のクリームも3時間おきに塗るのがよい。塗るだけなら10分で終わるが、これをサボると1日くらいの遅れになる」という旨の話を、スタートから11時間経過した一の越山荘で丁寧に撮影チームに説明。冷静なレース運びを印象づけた。

二人が山頂から眺めた極上の夕景は平出が撮りきり、番組で数カットが採用された。

やがて陽が沈み始めた頃、ナンバー26・坪井《つぼい》伸一《しんいち》（54歳）が、野寄らから遅れて薬師岳山頂部へ来る。50代以上の選手全7人の中では最速のペースだ。息を切らして祠《ほこら》の前に進む。

「すいません、帽子被ったままで失礼します」

頭を下げて、柏手《かしわで》を打つ。

2日目に中止となった２０２１年大会の番組では、オープニングとエンディングに坪井が登場した。坪井は「裏回し」、言うなれば陰の主役だった。

「計算尽《ず》くの生き方なんて、もう嫌だ。ここからは、自分のために１００パーセントやっていきたい」

メガバンクで勤続32年になる坪井。長らく、花形の企業融資畑でやってきた。自宅も35年ローンで川崎に買った。諸々、順調だった。だが39歳の時。

「抱えて抱えて、いっぱいいっぱいになって、自分がもうストレスでダメになった。寝てても、寝言でうなされてました」

妻によれば、寝ながら誰かと具体的な金額をあげてやりとりをしていたという。そして、会社に行きたくなくなった。近所の心療内科で診断を受け、初期の鬱症状と告げられた。その後、待っていたのは部署異動。ラインから外されてしまう。悶々とした。

家族との時間を持つことができるようになったのはよかった。しかし……、

「同僚と会いたくないという気持ちは、正直あった。『あなたは法人担当ラインから外れて、気楽な身分になったから楽しめるんでしょう』。自分をそう見てるんじゃないか、と」

そうこうするうちに、自分のこれまでの人生はなんだったのかと思いを巡らせるようになった。中学時代は陸上部に所属し、自分としても満足できる成績を出した。だが高校で挫折し、2年生の時に逃げるように退部した。

「表向きの理由は『自分はここでやめて、大学受験を頑張る』というもの。言い訳であり、中途半端でした。受かりそうな大学に適当に目標を下方修正し、受かりました。景気がよく、就職もできました。内定をくれるなら、そこで頑張ればいいかと。でも、勝ち取った感じじゃない。自分をごまかしての現実逃避を、ずっと繰り返しているんじゃないかな」

高校以来、走ることのなかった坪井は、新しい職場への辞令を受けた翌年から、再び走り始めた。自ら挑み、勝ち取るものがほしくなった。そこに２０１２年の番組があった。２０１８年は選考会

で不合格。気持ちを切らさず、２０２１年大会で念願の出場を果たした。卑屈な気持ちや、仕事のわだかまりも吹き飛んだ。そうしたものはすべて心から追い出し、１００パーセント本気で取り組まねばＴＪＡＲとは向き合えない。

「そうでありたいという自分のラインから外れた時に心配をかけた同僚に、『あいつ、違う形だけども、もう1回輝きを取り戻そうと頑張ってるな』、そう思ってもらえれば」

２０２１年、そう語りながらも、大会中止によって夢を果たせなかった坪井。

「今までは勝算や確率を考えて、ダメそうならやめてきた。そんなことでは、このレース、ゴールできる保証はない。こんな苦しいことを何回もやって、これだけ真剣に取り組めるなんて、自分は変わったなと。もう1回、これを目指して本当のゴールに辿り着けたら、自分はもっと変われるんじゃないか。いやあ、どうしてもあのゴールを見てみたい」

この言葉は、２０２１年の番組の最後に置いた坪井の語りだ。これは選手たちの声であると同時に、21世紀の日本に生きるすべての人間たちの声でもあると、制作陣一同が感じた。

努力さえすれば何事も報われるワケでもないと痛感した２０２１年大会から1年。0・01パーセントでも可能性があるならと、トレーニングを続けた。踵《かかと》をつけず、2リットルボトルを3つ入れたザックを背負って走るなどして、体幹を鍛え上げた。

２０２２年には54歳。勤務先では役職定年を迎える。毎年低下していくばかりの体力は経験や知識でカバーし、衰えるペースを緩やかにするしかない。一日一日、全力を尽くさないと、たちどころにダメになる。

一方で他のレースに出場したり練習したりしている時に、見知らぬ人から声をかけられ、「頑張ってください」と応援されることがあり、それも力になった。この1年間は、とても充実した時間を過ごせた。賞品・賞金もないこの大会を目指す経験そのものが、坪井にとってはそれ以上のものなのだ。そして果たした二度目の出場。30名の選考会通過者リストに自分の名を見つけ、抽選がないと知ったその日は、定時で仕事を切り上げて、会社近くの居酒屋で妻と待ち合わせて祝杯を挙げた。

会社人生が曲がり角を迎えた〝あの時〟から15年。

「今度のレースで本当のゴールに辿り着ければ……自分の納得するところまでできたら、次のステージに向かって頑張れると思います。いろんな意味で節目の大事なレースです」

開会式には妻も姿を見せた。

「走り出すところを見たい、きれいな空気もちょっと吸いたいなと思っていたんです。花火も見れたし、月も見えた。いいことしかない。絶対に大丈夫よ」

本大会のスタート前日に突然、妻から「スタート地点に一緒に行く」と告げられた。

「『行きたい』と言葉をもらい、すごく力になりました。やるしかないです。ここまで来たら大浜海岸に行くため、どんなことがあっても諦めないで頑張りたいと思います」

槍ヶ岳手前でレース中止となった去年と比べ、ここまで2時間早いペース。ただ、剱岳を登り始めて間もなく、足先と腸脛靭帯が痙攣《けいれん》し始めていた。そこが不安要素だ。

上位陣は、土井を別にすると、順位は大きく変動し続けていた。一時は2位に浮上していた望月はペースを落としていた。スゴ乗越小屋からは、あとから来た木村と共に薬師岳を目指して進んだ。

「この時間にここまで来られるってことは、力があるってことだよ」

木村にそう声をかけつつ、自分のスタミナがもちそうにないと判断した。

「ついていけないから、先に行って」

薬師峠のキャンプ場へは、先行した木村が土井の2時間40分後に到着する。望月はこのあと、スゴ乗越小屋まで同行していた貝瀬にも先行を許し、4番目に辿り着く。

「全然ダメですね。全然……足が動かないすよ。……『今からここで泊まるんですよ』って言ったら、あれですかね」

望月は冗談っぽく大きな声で話すが、微《かす》かながら剣呑《けんのん》さが目に宿っている。何かを確認するためにスマホを見つつ、応援者が何か言ったのを聞いて、それに返事をする。

「いえ、全然、僕なんて、たいしたアレじゃないんで」

小野塚正直《おのづかまさなお》カメラマンがカメラを望月の周囲に振ると、笑顔で望月にカメラを向ける者や、一挙手一投足を見つめるたくさんの顔がファインダーに入る。

「俺はここに泊まるよ」

望月が、小声で小野塚に伝える。

「今日はここに泊まる？」

小野塚はオウム返しに返事をしつつも、望月の目つきの鋭さに若干たじろいだ。

望月は少し離れた場所に移動して、ツェルトを張り始める。体がもたない。土井を追いたいが、体が動かない。この後3時間、ここで滞在することになる。標高3000メートルでの酸素濃度は平地の3分の2。睡眠を取らないと、力が蓄えられない。

先着していた貝瀬もここで3時間の睡眠を取ろうとツェルトの中に入ると、22時にアラームをセット。カメラを避けてツェルト内で、黒ニンニクをムシャムシャと食べる。

40分後に、石尾が来る。のっけから、周囲の状況を探りにかかる姿勢を隠そうとしない。先を行く選手たちの様子を聞き込んだあと、ツェルトを張りながら展望を語る。

「今日、40。コースタイムがロードとトレイル含めて40時間くらいなんですけど、明日も多分40時間くらい。明日は木曽福島が目標ですけど、行けなくもない。悪くはないかなと」

と言いつつ眠気のせいか、ツェルトをうまく張れない。

「選考会と違って、下手クソっすよ！」

中にストックを入れようとするが、うまくいかない。ツェルトの端の具合を調整しようとしてゴソゴソやっていると、今度は中のストックを倒してしまい、頭にあたる。

「やばい、まずいところを見られてしまった」

石尾は笑いながら、また一からツェルトを張り直す。

その後、18時20分を過ぎて馬場、野寄、佐藤、井出が到着する。

井出はツェルト設営後、靴下を脱いで臭いを嗅ぎ、しかめっ面をしてみせる。

「ゴールまで、履き続ける感じですか？」

「いやいやいや、履き替えますよ。途中で、市野瀬で！」

この時、筆者は上高地の山荘内に設けた撮影本部にいた。NHK側のプロデューサー国沢《くにさわ》五月《いつき》、中島《なかじま》木祖也《きそや》と筆者の3名、さらに日経映像のプロデューサー・深堀《ふかぼり》鋭《さとし》や、庶務対応要員として日経映像のAD2名がいて、4交代で24時間通して状況を確認する態勢を取っていた。

大量の紙資料やインスタント食品が山と積み上げられた6畳一間の作戦本部。ちゃぶ台の上のノートPCに、携帯電話を使って通信を行なうGPSシステムが表示する、望月のアイコン［21］が映し出されていた。

「望月さん、リタイアするかもしれないね」

国沢が言った。「土井と望月のデッドヒート」という線が崩れつつあった。だとしたら、番組のストーリーをどう組み立てればよいのか、ひとまず手がかりがなくなった。選手に向けて行なうインタビューも、方向性を定めないと、いくら話を聞いてものちの編集が困難なものとなる。それでは選手たちに申し訳ない。撮影本部は重苦しい雰囲気に包まれた。

一方、土井は、槍ヶ岳へと続く西鎌尾根を変わらずハイペースで進んでいた。23時台には槍ヶ岳へ到着する勢いだ。実行委員会も2日目の8日午前1時頃の到着を想定していたため、委員会メンバーの使用するSNS上でも「速い！」との所感が飛び交っていた。

スタートから90キロ。槍ヶ岳山荘では、ディレクターの野澤拓臣《のざわたくみ》が待ち受けていた。野澤はNHKの登山番組や自然番組を多く手がけてきた。２０２１年もこの場所で土井、貝瀬、馬場、そして２０１８年優勝者である垣内康介《かいとうこうすけ》の４人を迎えたが、そこで大会が中止に。今年こそは全選手を迎え、誰もが口を揃えて言う「大会や選手のすごさ」を肌で感じたい。

そこに、土井がやってきた。野澤は目の前の男を見ているうちに、戸惑いを感じてしまった。

「本当にこの人は、この日の0時に富山から来たのか？　単に1〜2キロ走ったかなといった感じなんです。ここまでの大変さとか、夜の西鎌尾根は怖かったか、などを聞こうと準備していたんですけど、そんなことを感じさせない雰囲気で。何を聞いていいのか、悩みました」

野澤は調子を問う簡単な質問を投げかけるだけで精一杯だった。答えも、手短だった。

「疲れてきました。寝たら回復すると思うんですけど」

スタッフが山荘に到着した土井に、到着時間を告げる。

「23時6分。去年より3時間くらい早いですよ」

史上最速だった望月の大会記録よりも、4時間早い。土井は、建物内のベンチに腰掛けて地図をまじまじと見つめると、独りごちた。

「だいぶ来たなあ。無理してるだけです。最初だけ。疲れてます」

3時間も記録を上げてきたというのに、その一言で済ませてしまった。その後、応援者らと少し話をすると、すぐ駆け下り出した。滞在時間は、わずか6分間。初日の睡眠時間は、トータルで5分間。稜線上でつかの間、横になって体を休めた時には一瞬、夢を見たという。そこに見たのは、なんだったのか。このまま、どこまで行こうというのか。

土井の後ろでは木村、石尾、そして長めの睡眠を取った望月らが西鎌尾根を経て槍ヶ岳山荘に向かって進んでいた。木村はストックを折ってしまい、木の棒を杖代わりにして進んでいた。最後尾は河田。五色ヶ原山荘手前にいた。

ちなみにルールでは、寝る際、ツェルトやシェルターは、生命の危険といった緊急時以外はキャンプ指定地で張る決まりだ。テントサイト料金も、個々の選手が支払っている。

北アルプスの各所で、選手たちが初日のレースを終えようとしていた。スゴ乗越小屋そばのキャンプ場では、初出場のナンバー4・佐合要《さごうかなめ》（35歳）がツェルトに入り込み、ヘルメットをまじまじと見つめながら食料を掻き込んでいた。ここに来るまで、「疲れが溜まれば5分間の仮眠をこまめに取る」という戦略で順調にやってきていた。

「夢をつかめ」「楽しめ」「いけるいける!!」「進めー」

ヘルメットの反射テープに書かれた友人たちからの激励メッセージに力をもらう。妻からは「死なない程度に死ぬ気で頑張れ」との書き込みをしてもらった。

「ありがたい、嬉しいです。食事中に読んで力をもらっています」

3時間寝て、先を目指す。

深夜、薬師岳に挑む選手たちは右手後方に輝かしい富山の夜景を目にしたはずだ。
初日のリタイア者はなし。全員が2日目を迎えた。

「平賀淳さんのこと」

ランニングカメラマンの平《ひら》賀《が》淳《じゅん》さんが２０２２年５月17日、アメリカのアラスカ州・デナリ国立公園の山にチームで登っていて、ベースキャンプに戻る途中、氷河の割れ目（クレバス）に滑落し、亡くなりました。

登山家・野《の》口《ぐち》健《けん》氏と共にエベレストに行った経験を持つ平賀さんに、２０１２年の番組では北アルプス・一ノ越から雄《お》山《やま》までの区間の撮影を依頼しました。そこで、山中を走る望月将悟選手の横顔を、全レースを通して唯一撮ることに成功したのが、平賀さんでした。平賀さんは選手にかなり近づき、ほとんどぶつかりそうになりつつ、時にはジョークなどを発しながら撮影するスタイルを取りました。あまりの熱心さに選手を怒らせることもありましたが、とても人懐っこい性格と、その抗弁の面白さにみんな笑うしかなく、場はいつも和みました。

平賀さんはその後、ドローン撮影のテクニックなどを生かし、様々な番組で活躍。しばらくこの番組シリーズからは離れていましたが、今回（２０２２年大会）、10年ぶりに撮影に参加してもらうことが決まり、楽しみにしていました。ですが、叶いませんでした。

番組中に登場する雄大なアルプスの映像の一部の撮影に平賀さんが関わっていることから、番組末尾に平賀さんの名前を表記いたしました。

ここに、慎んでご冥福をお祈りいたします。

2日目

「『ダメだ』となると、すぐやめちゃう。そんなのは、なしでしょう!」

8月8日
August 8

土井が早くも1日目に槍ヶ岳に到着し、撮影本部はがぜん騒がしくなった。筆者は2日目0時からの徹宵《てつしょう》勤務当番として、ノートPCに示される選手たちの所在位置をこまめに撮影チームの連絡網へ流していた。スタッフがそれを読むと、読んだ個人名とともに「既読」印が表示される。午前1時過ぎ、一つ「既読」印が付いた。北條だった。

北條は初日に馬場島での撮影を終えて筆者と共に富山市内で仮眠を取ったのち、上高地へ移動。そこで下見などをして睡眠を取り、2日目早朝3時からの対応当番となっていた。

槍ヶ岳から上高地まではコースタイムで8時間。筆者は北條を起こすのは午前2時30分にするつ

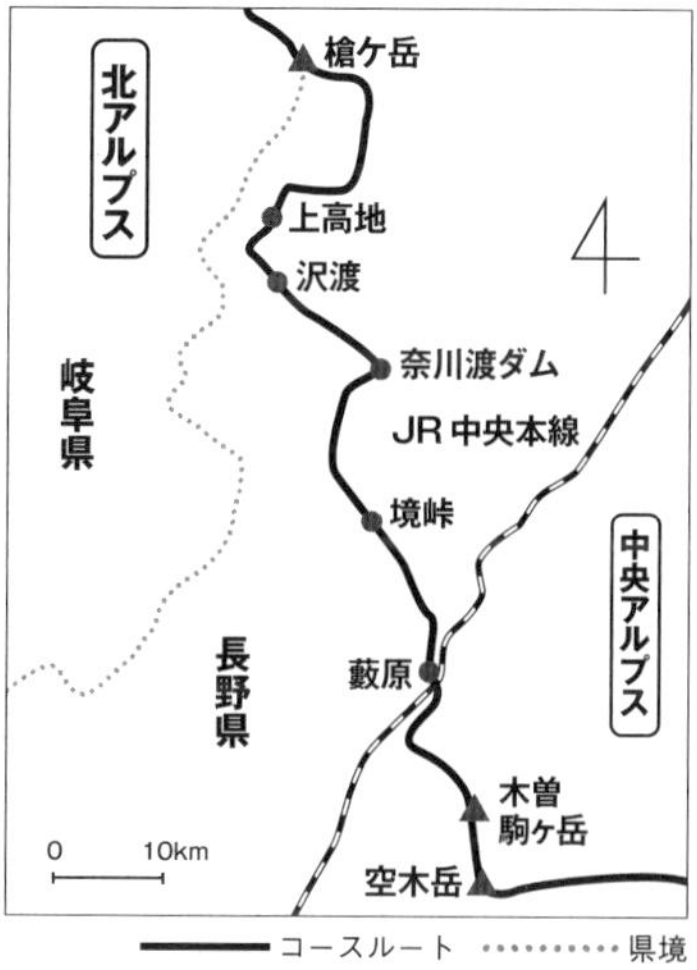

もりだった。だが、レース展開が気になって仕方がない北條は、〝何が起こってるのか見ておかないと〟と、ほとんど寝ずにスマホ上で、のべつまくなしに追いかけていた。

「横で寝ているはずの筈井カメラマンに顔を向けると、うなずいて『行きましょう』って顔です。二人して空気に呑まれました。土井さんは頂上を出発したばかりだというのに」

結局のところ、北條は午前1時過ぎには布団から起き出した。そして上高地ＣＰの５キロ以上先に位置する徳澤園《とくさわえん》の方まで、筈井と共に下見に出かけた。

「去年見たコースなのに、もう1回奥まで確認に行きました。その一帯は暗闇なのでカメラにうまく映らないとわかっているのに『映らないね』と言って、うろうろしました」

8月とはいえ、上高地では深夜の気温は15℃程度。肌寒い。完全に浮き足立っていた。

土井はその頃、まっしぐらに下山を続けていた。槍沢の下りでは、無数の虫たちがヘッドライトめがけて頭や、時には目の中に突進してくる。気が滅入る。ババ平で幕営する予定だったがキャンプ場が一杯だったこともあり、一気に駆け下りた。眠気も覚めた。

午前3時37分、スタートから１１０キロの上高地ＣＰに到達。２０１６年の大会記録を4時間以上も上回っている。ＣＰでは必携品の確認、バッテリー交換などの手続きを手早く行なう。

「寝れてないんで、それだけが心配です。睡眠が取れなかったことは、あまりよくないですね。それだけが失敗やな。どこかでリカバリーします」

土井はすぐに走り出す。ここからはロード。

奈川渡ダムまで7キロほど続くトンネルの連なりを、交通量が増え出す前の早朝に通過したい。ヘッドライトと赤色点滅灯をつける。半世紀以上も前のダム建設時に掘られたトンネルは、設計時に歩行者の存在など想定していなかったはずだ。ゆえに、歩道や退避スペースはほとんどない。トラックや観光バスが高い頻度で行き交う。圧迫感がすさまじい。

午前5時30分前、沢渡観光案内所に到着。サイダーを飲んで休憩。久々の炭酸飲料を飲むことで、リフレッシュできた。行動食のカロリーメイトは、すべて好きなバニラ味で決め込んだ。

そこから再出発。北條ら撮影クルーは離れていた。そこで土井はトンネルとトンネルの間にあった草むらにマットを敷き、20分ほど仮眠を取る。久しぶりに脚を休められた。こっそり隠れて寝たはずだったが、目覚めたら、目の前には当然のように撮影クルーがいた。

土井はここまでの展開を自ら振り返り、これはなかなかよいタイムが出るのではないか、と考えた。走り出して間もなく、2021年に大会中止を告げられた場所にさしかかる。去年のレースを思い起こさせようと、北條が声をかける。

「去年からの1年って、土井さんにとって長かったですか?」

「そんなことないです。いろいろ挑戦したし、レースにも出たし、あっという間でした」

「いったい、このペースでどこまでいくつもり?」

「極力落とさないようにずーっと、続けるだけです。ゴールしたいっすからね。……どこまで行くんだろう。潰れるんじゃないかって、みんな思ってるんじゃないかな」

「土井さん、ワクワクさせたいって言ってましたね。すごいエンターテイナーみたいですね」

「みんなが楽しめたらいいですね。体験とか経験を共有するっていいじゃないですか。自分はできひんけど、誰かを応援することとか、誰かのプレーを見ることによって、すごく元気がもらえるというか」

奈川渡ダムを越えた土井。ここからはゆるい登りが続き、足腰に負担がのしかかる区間だ。標高１４８６メートルの境峠を越し、国道19号線まで30キロの道のりを走っていく。

レース後に書かれた土井の〝回顧録〟は情報量、文体そのいずれも秀逸だ。北條らは、土井の頭の中に格納される緻密な設計図を盗み出すことには失敗したかもしれない。

〝過去の選手のペースをみると、この北アルプスから中央アルプスの区間ペースがあまり上がっていない。事前の計画で、自分はこの区間を落とさないで、動き続けることを課す。気温が上がってきて、負荷も上がってくるが、淡々と脚を動かす。

わざわざこのロード区間を試走に来た甲斐があった。この70kmをいくつかの区間に分割して、１つ１つの区間をクリアしていく。短く区切った区間を走り終える度に、成功体験を積み重ね、毎回自分を褒めてあげる。70kmって長いけど、短い区間をクリアしていくことが、心を保つコツ。

上高地でも沢渡でも補給出来なかったが、持ち合わせの補給食で全て完結。これも想定内〟

（土井のフェイスブックより）

土井はつまり、ロードも走り続けることで全体的なタイムの底上げを図った。「淡々と脚を動かす」と簡単に書いているが、それを実行に移しきるためには相応の計画性、精神力、強靭なスタミナが求められる。それだけではない。「アルプス総図」にコンビニエンスストアや自動販売機の場所、買う物をすべてメモしていた。こうすれば、そこに差しかかった時に判断に迷うことはない。1分だって無駄にしない。コンビニに置いてある商品はどこも同じだ。よって、事前に各商品の含有するカロリー数を調べ、購入品を選定しておいた。

午前11時前に藪原の手前にあるスーパーマーケット「まると」に到着。上高地から50キロ。大会出場選手たちにとって、温かいものを食べられる〝オアシス〟である。本当は親子丼を食べたかったが見当たらず、ソバ・炒飯・牛乳を購入し、店主の厚意で店の入り口脇に設けられた選手専用ゾーンで食事を取った。

食事中にこなす段取りも、頭の中で確認済み。休憩時間は20分。食事をしながら、靴を脱いで足を乾かし、レース用の保湿クリームを足に塗る。すべて計画通りだ。

土井が上高地を経て、「まると」を目指してひた走る頃、槍ヶ岳山頂にいた野澤ディレクターは寒風吹きすさぶ中、土井に続く選手たちを待ち続けていた。

木村、馬場に続いて午前8時27分、望月がやってくる。野澤の言。

「迎えた望月さんは、『持ってるな』と思いました。すごく天気が悪かったのに、望月さんが来た時だけ晴れたんです。西鎌尾根の遠くから来る姿を、ずっとロングショットで撮っていました。肉眼で、遠目にも見えたオレンジのヘルメット。やはり、絵になるなと」

だが、望月の調子は端《はた》から見て、よくなさそうだった。野澤は、北アルプスではもうちょっと競《せ》る気持ちを持っていてほしいと、勝手に願った。哀愁にも似た雰囲気が漂っている様子を見て、「もう諦めたのか」と少し残念な気持ちを抱いた。

「チェックポイントには各選手のリザルトが貼ってあります。望月さんは、明らかに土井さんの通過タイムをじっと見ながら水を飲んでました。やっぱ気になるのか、そうだよな、そうであってほしいな、そう思いました。諦めてほしくなかったんです」

そこで望月に質問を重ねる。

「土井さんは気になりますか？」

「いい記録だから、新記録になれたらいいなって。ここに23時には来れない。すごいな」

野澤はそこに嘘っぽさを見た。本心では悔しがっているはずだ。質問を重ねた。

「どこかに、負けず嫌いな望月さんはいますか？」

半ば、野澤の願望だった。望月は、やがてポツポツと言い出した。

「いないです……。それを納得させるために今日やっている。体と一致させるために。気持ちがそう言ってても、体が動かない。今までとは全然違うし、速く走れないし、『こんなところで疲れるの？』っていう感じ。そこを納得できればいいんですけど」

「長い旅になりそう？」

「すでに北アルプスだけで、僕には長い旅でした。出場したからには気持ち……へこたれたくはないな。どこかでケガをして動けないならともかく、そうではないので」

野澤は、望月のヘルメットに書かれた文字をアップで撮る。

「限界のその先にある未来へ」

望月は槍ヶ岳山頂での滞在を5分少々で切り上げると、上高地までの登山道をコースタイムの50パーセント強程度のペースで下っていく。野澤はその背中を見続けた。


午後1時前、土井の釜トンネル出口以降の追跡ロケを瀬川ディレクターに託した北條は上高地へ戻り、さらに徳澤園まで進んで望月を待ち受けていた。

望月は、下ってくるにつれて多くの人が自分を待っていることに改めて驚かされると共に、取材陣や大会関係者らにどんなことを聞かれるだろうかと不安を覚えていた。変なことも言えないし、気の利いた冗談を言えるような心持ちでも到底ない。

待ち受けていた北條からは、普通に調子を聞かれた。そうした質問ならば、答えやすい。

「ちょっと思いが強すぎなんで、俺は。前半戦、北アルプスはやられて、ちょっとナーバスというか、疲れました。でも２０１８年に比べれば、まあ大丈夫かな」

「これまでのレースより楽しかったことは、ありましたか？」

「景色はよかった。それと若い参加者が『過去の番組を見て、ここに参加しようと決めたんです』って言ってくれるのが嬉しかった。大畑なんてあいつ、俺を抜こうと狙ってる」

自分に気合を入れ直すように沢水で手を洗い、望月が関門へ向かう。

午後1時23分、上高地ＣＰへ到着する。すでに土井に加え木村、馬場、石尾が通過していた。直前の石尾とは、約20分差。槍ヶ岳山荘にはほぼ同着だったが、そこで先行を許した。撮影クルーやスチール、雑誌、その他のメディアが望月の姿を認め、さらにはそこに偶然いた登山者らも何事かと集まり、あっという間に人だかりができる。

「キツいです。ようやく思い出してきましたよ、この辛さを」

スタッフの問いかけに応じた望月に、大会実行委員会代表、飯島がさらに一声かける。

「みんなそうなんだよ。楽しいことだけ覚えてるんだけど、いざ走り始めると、こんなに辛かったんだって思い出すんだよ」

先頭を行く土井は、まとまった睡眠を取らずに突き進んでいた。土井がこの先、どこで何時間、睡眠を取るかは定かではない。望月の強みの一つが、睡眠を取らないでも進んでいける強靭な〝推進力〟だ。それが4連覇を成し遂げた際の原動力ともなった。土井とはこの時点で10時間の差。ここからの勝負、逆転とするまでには並大抵なことではないが、どうか。

過去の大会で望月が放ってきた存在感は圧倒的だ。〝絶対王者〟という呼称がよく使われるが、それは大げさなものではなかった。望月ならまだ何かやってくれるのではないか、そう考える者は大勢いた。そして、そうした空気感、言い換えればプレッシャーを誰よりも感じていたのが、望月自身ではなかったか。

望月はＣＰを通過後、近くの食堂で食事を取り、しばらく雨宿りをして疲れを取ることにした。

カッパを被って顔を覆い、目をつむる。テレビクルーとスチールカメラマンが横に張りついている。時折、ぱっとそちらを向くが、すぐさま前を向いて、膝を抱えてじっとする。表情はやや険しい。孤独な戦いを続ける望月の苦しさを、ひしひしと感じた。

その望月を見つめる、古くからの応援者たちの姿がすぐそばにあった。

その一人、奥島弘三《おくしまこうぞう》。76歳になるが、トレランのイベントにはしばしば顔を出す。２０１８年大会ではゴールする望月の姿に感極まり、崩れ落ちるように涙した。その奥島が、一定の距離を取って望月を見つめていた。今回の走りをどう思うか、話を聞いた。

「挑戦してんじゃない？　まだ、これからじゃないか」

「お話はされましたか？」

「いやいや。一の越山荘でも30分ほど目の前にいたけど。何も言わずにおしまい。目で、ね。あの人、わかるから。何も言わないよ。『I'm back』って書いてる通りでしょ」

そしてもう一人、望月のロードのランニング・コーチをしてきた松本真由美《まつもとまゆみ》。

「自分が生きていく証っていうんですかね、そういった生き様を、あの人は自分で納得したいんだと思う。自分が好きなように自分の生き様を貫く、そんなことで始めたんでしょうね。土井さんも速いですけど、望月さんとしては、それはそれ」

やがて雨が止んだ。10分ほど座り込んでいた望月は、ヘルメットの「I'm back」の文字を軽く叩き、意を決したようにテキパキと身支度をして出発する。

少し進み、写真撮影中の貝瀬と野寄を見つけると、望月はその間に割って入る。すぐそばの店舗で河童焼（たい焼きの河童バージョン）を買い求め、二人とともに頬張る。

ただ、その表情には虚ろさが入り交じっているように見える。望月は、自分の名が書かれた応援うちわを持つ女性の励ましを受け、少し元気を取り戻して貝瀬、野寄に先行する。望月をマークする北條は、観光客が大勢いる雑踏を抜けて、人気《ひとけ》のないところまで来ると再び望月に話を聞く。望月はあくまでも律儀に答える。

「歳のため、体が動かなくなってきた。この競技を始める時に、自分自身を知りたいというか、どこまでやれば潰れるか、どこまで休めば回復するか、そうした自分の限界がわかれば、強い人間になれると考えていたんです。それが全然違うことになった。今回のレースですか……若手に抜かされても、それを納得し、自分の中で全力で臨めればいいんじゃないですか」

「抜かされる瞬間の心情はどういったものなんですか？」

「納得できてます。声を掛け合って、『大丈夫ですか？』とか。『速いな、辛いな』はないですね。『負けるもんか』っていう闘争心がなくなっちゃった。でもいつか『やりたい』とか、もっと熱い舞台が用意される時に、逆に燃えられるようにしときますね」

北條は望月のこうしたレース中のインタビューの取り扱いについては、この後の編集中まで苦悶した。一つのインタビューの置き場所を決めるのに半日を要したこともあった。

２０１０年大会以来、望月が辿ってきた経緯を丁寧に描かないと、「元チャンピオンが、ただ弱っているだけ」にしか見えなくなる。久しぶりに大会に出場したものの、優勝できないことへの予防線を張っているだけの人に見えてはならない。望月がこの12年間で得たもの、失ったものを、限られた放送時間の中でわかってもらえるように、見定めていかなければいけない。そのことを頭の片隅に置き、北條は望月への撮影を続ける。

望月は上高地を抜けようとするタイミングで、貝瀬、野寄と時間を共にできたことを喜ぶ話をし始めた。だが、北條はそこに割って入るように一言、挟み込んだ。

「望月さん、目がまだギラギラしてて、まだ燻《くすぶ》ってるように見えますが」

「え、何、何にですか、何かに？　勝負に？　え、どういうこと？　土井君を追いかけるとか、そういうこと？　まあ、ちょっとこれあんま、あれなんですけど」

北條は、土井の話など一言もしてはいなかった。だが望月は続いて、追いすがる北條を振り払うかのようにやや荒っぽく手を動かすと、一気にしゃべり出す。

「ぶっちゃけなんですけど、４１５キロ、このアルプスを越えるという、それ以外に何を求められるのかと。僕たちはその中で、いろんな気象条件と、あと山岳地でいろんなこと考えながら、睡眠を削って、寒さや暑さ、そういうのも経験しながら越えてきてるのに、これ以上のものを……求められても……僕はできないかなって。『完走できるって当たり前じゃん』とそうなっているのは、僕はどうかなって思います」

望月が気持ちを昂《たかぶ》らせた。その反応は「走る意味」を求めたがる私たち取材者に突き刺さった。

私たちは望月に、どこまでのものを背負わせようとしているのだろうか。

北條はこのやりとりが、大会中で一番緊張した瞬間だったという。

「僕に聞かれるのを拒む雰囲気を感じました。僕が何を聞こうとしてるかっていうのを、望月さんはなんとなく、言葉の節々でわかったのかもしれないです」

この後、取材はどうなってしまうのだろうか、続けられるのだろうか、と北條は緊張に包まれる。だが一度、ぱっと言葉を吐き出したあとに、望月が言葉を継ぐ。

「何か偉そうでしたね。今のはっ」

にこっと笑い、北條に気さくに話し出す。北條は間一髪、救われたと感じた。

望月はその後、釜トンネルへと進み、トンネルの中で北條に訴える。

「北條さん、僕だって足、痛いんですよ。わかりますか。周りから見ると、痛くなさそうに見えるのかもしれませんけど」

望月はこのレースの大変さを偽りなく語りながら、先へと進んだ。

上高地では、望月に20分ほど遅れて到着した野寄にも話を聞いていた。

２０１８年には選考会落選。２０２１年大会で初出場を果たしたが、途中中止により、集中力が一度切れた。山のことを考えるのは一度やめて、フルマラソンの自己記録更新に注力し、2時間37分のベスト記録を出した。その後、春先から山に入り、再びＴＪＡＲに向けてのトレーニングを開始した。諦める理由はなかったし、今もう一度挑戦しなければ悔いの残る人生になると考えて奮起。

２０２２年本大会への出場を果たした。

野寄は大阪拘置所に勤める刑務官だ。日々、張り詰めた空気の中で仕事をしている。

「適正に施設を運営して、社会の安心安全を維持するのが仕事です」

２０２１年の番組ロケ時に行なったインタビューには、法務省の担当者も同席し、野寄の一言一句に注視していた。職場に撮影が入るのは初めてだったという。

丸刈り頭で武骨な野侍《のざむらい》のような風格を漂わせる野寄だが、苦い過去を持つ。

「人の輪に入って何かをするのが苦手、ということに自分で気づいたのが小学生の時です。なんでも全部話せる人は、小・中・高とずっといませんでした。大学時代も家に引きこもって、パソコンを叩いたりする日々でした。アニメやドラマばかり見て、ゴロゴロしてました」

大学時代の出席日数はギリギリ。就職活動も30〜40社落ちた末に、現在の職場の試験に合格した。だが、刑務官の仕事は甘くない。想像を超える厳しい職場環境。毎日、死に物狂いで働いた。土日はくたくたになり、家でゴロゴロするだけだった。その煩悶がある日、瞬時に吹き飛ぶ。職場の先輩から借りた２０１２年の『ＮＨＫスペシャル』のＤＶＤを見た。選手たちは全員輝いて見え、心の底からこみ上げる感覚を味わった。過酷な環境で走り続ける選手を見ていると、何事も大したことないのではないかと思えてきた。

「世の中、こんなにとんでもない、アツい人たちがいるのかと体が震えました。自分にここまでできるかはわからないけど、まずは30〜40分くらいであれば、走るのも苦じゃないのかなと。そこから始めました」

山を走り始めると、野寄の考えに変化が起きた。

「外に出かけて日の光を浴びるとすごく元気になるし、フッと嫌なことを思っても、そんな小さなこと、考えなくていいんじゃないか。山の中にいると、物事をそのようによい方向に考えられるようになりました」

自ら心の中の垣根を取り払うと、やがて仲間ができた。自分の考え方も変わった。

「ランニングや山登りを始め、いろんな人と付き合い始めました。かねがね、我が事だけでなく人のことを考えたいと思っていたんですけど、今は『いろんな人に優しくありたい』と思ってます」

大阪城公園などを拠点に、ランニングチームの仲間たちとトレーニングを積んできた。日々の仕事は相変わらずハードだが、疲れた体でも帰宅後や休日にトレーニングが継続できたのはＴＪＡＲ出場という目標があったからこそだった。

２年間をＴＪＡＲに費やした。練習もきついがそれだけではない。野寄は言う。

「時間も、お金も、人間関係もです。レースに出ていいことはあるけど、失うものもある」

完走することで、そうしたモヤモヤを納得させたい。


北條が望月と緊張に満ちたやりとりをしていた頃、瀬川は中央アルプスへと至るロードで取材を続けていた。木村や石尾ら、複数の選手が一定の距離を空けて進んでいた。

木村は２０１８年の放送を見て、同世代の会社員や公務員の姿に心が騒ぎ、出場を決意した。

「自分と同じくらいの世代の人がボロ雑巾《ぞうきん》のようになってゴールしてる姿を見たら、自分もやってみたくなった。ゴールしたら、泣きじゃくってやりたいですね」

以後、月に2～3回は１００キロを超えるランニングを行なうなど、走り込みを重ねてきた。山岳レースでも優勝経験があり、好記録を連発している実力者だ。２０２１年には選考会は通過したものの、抽選で落選した経験があるだけに、並々ならぬ意志をもってこの場に臨んでいる。

瀬川はその木村を追う、3番手の石尾についた。

「とりあえず2位に上がりたい」

今大会に出場した選手たちの中で、順位へのこだわりをハッキリと言及したのは石尾一人だったかもしれない。北アルプス・薬師岳のキャンプ場に5位で到着した際には、「3人はもう行っちゃったんですか？」「望月さんだけ行った感じ？」「二人は何時くらいに出るって言ってました？」と、上位陣の動きについてカメラマンにしきりに質問してきた。

レースに影響を与えてはいけないので、撮影スタッフはそうした質問に返答できないが、石尾に矢継ぎ早の質問をされると、ぽろっとしゃべりそうになる。タイムと同様、順位も多くの選手にとって大きなモチベーションだ。ただ、それを口にするとかえって自分を縛ることになる。カメラの前であえて口にする者は、ほぼいない。

そこを石尾は躊躇しない。槍ヶ岳の手前に5番手で到着した際にも、真っ先に聞いていたのはトップ・土井の動向だった。「釜トンネルの先」と聞いた石尾は、とても驚いた。

「土井さん、えげつない。どこまで行ってるんですか！」

しかし、ある情報を聞くと、石尾はニヤリとする。

「土井さん、寝てないんですか？　じゃあ、チャンスですね」

周囲は笑っていたが、まったくの冗談というワケではない。なぜなら土井本人にスタート前、どこで寝るつもりなのかをしっかり聞いて、自分の戦略に織り込んでいたのだから。


富山県出身の石尾の陸上との出会いは、姉に連れられて出た小6時のマラソン大会まで遡る。会場は奇《く》しくも、ミラージュランドだった。他の学校の生徒たちと競い、いい成績で走れたことに自信を持てた。進学した県内の高校では、陸上部で８００メートルの選手となった。全国大会を目指したが、目標には届かなかった。その後、陸上の名門・筑波大学へ。強い仲間と切磋琢磨する中で、実力を伸ばしたいと考えていた。だが……。

「4年間、きつい練習やってても、ずっとケガばっかりで公式戦に1回も出られなかった。なんのために部活やってたんだろうなって思いました」

全国大会への出場、富山代表で国体に出場……石尾は思い描いていた夢を果たせなかった。そんな大学4年生の夏、部活動引退直前のタイミングでＴＪＡＲを知った。1秒、もしくは0・1秒を縮めるのに必死で、それもうまくいかず人生で一番落ち込んでいた当時の石尾にとって、8日間という大会期間や、アルプスを縦断するというレースの設計は魅力的だった。子どもの頃の思い出の場所であるミラージュランドがスタート、という点にも心惹かれた。

石尾は大学卒業後、日本や海外で計4年間勤務し、その後バックパッカーとして30カ国ほど回って帰国後、都庁職員になる。

都では、庁内各部署における業務のデジタル化を推進する仕事に携わる。その傍ら、２０１８年からＴＪＡＲを本気で目指そうと決める。当初は山に何を持っていけばよいかもわからず、レインジャケットすら持っていないという状態だった。が、徐々に山岳スキルを向上させる。２０２１年は選考会で落選したが、2回目の挑戦で本戦へ進んできた。

その石尾だが、中央アルプスを目指す今、実に飄々と走り続けている。

「望月さん、バチバチじゃないんでちょっと残念。でも南アルプスに入ると強いと思うんで、今のうちに差を広げたいです。じゃないと詰められそうなので。本当は土井さんと競いたい。ただ、今の自分の実力では、まだまだ手が届かないです。土井さんが手の届く存在であれば番組的にも面白くできるんでしょうけど、ちょっと速すぎますね」

とはいえ、石尾は土井との勝負も完全に捨てているワケではなさそうだった。選考会が終わったあとの7月も毎週末アルプスに足を運び、かなりの距離を走り込んだ。高地順応も調整してきた。職場では極力階段を使う、ということも欠かさない。

また、生ゴミを出し忘れて大会会場にやってきたので、1日でも早くゴールして生ゴミを処分しないと部屋が悪臭で大変なことになる、という個人的な事情も抱えていた。

その大問題を解決するためにも、快速で走り続けるしかない。

一方、北條は沢渡の手前から、望月を追う井出の横を並走していた。井出は馬場島へ至るロードで出だした右足腸脛靭帯の痛みに耐え続けながらも、良好な順位をキープしてきた。

「速いじゃないですか、井出さん！」

「いやいや、こんなもんじゃないですよ、本当の実力は！」

笑いながら、北條を煙《けむ》に巻く。そこに10メートルほど離れたベンチから声が飛ぶ。

「速いじゃん、井出さん」

「えっ、望月さん？」

井出が驚いて一瞬、スピードを緩める。望月がこんな場所にいるとは考えもしなかった。井出にとって、望月はレジェンド。スタート前に一緒に写真を撮ってもらった時に「ついて来てよ～」と言われただけでも嬉しかった。今や、自分が前に立っている。

「すぐ、追っかけます」

「……まあまあ、追っかけられても困りますよ。お願いしますよ」

それだけ言葉を交わすと、井出は望月に先行して走り出す。

「望月さんを抜きましたね」

北條は、ひょうきんなしゃべり口の井出だけに、何か軽くて気の利いた返しの言葉があるかと思った。だが、その問いかけは、思いもしなかった返答を呼び込む。

「……今ちょっと、いろいろ、自分でまとめているんだと思う」

思いもよらない真剣さに、北條は返す言葉が思いつかない。すると井出が続ける。

「変な話、トレランの大会だってマラソンだって、トップの人たちっていうのは『これはダメだ』となると、すぐやめちゃうじゃないですか。そんなのは、なしでしょうって！」

北條もカメラマンの笘井も、その単刀直入な物言いに驚いた。

「望月さんは……大丈夫でしょう、とは思うけど、でも……」

北條は即座に、その意味をもう一度問い直す。

「だってそこがさあ、ありになっちゃったら、何？　……うまく言えないけど、『そりゃあ違うでしょう』って思うんで」

そう言い切ると、井出はそのまま無言で走り続ける。表情に一抹の淋しさが漂っていた。

北條は述懐する。

「井出さんて、もうちょっと気のいいおじさんっていうイメージだったんです。けど、すごいシビアな方《かた》で、こういう方がレースに出てるんだと勉強になりました。驚きました。自分は井出さんを見誤ってました。で、僕はそれを聞いて『これは望月さんに絶対どっかで当てよう』って思ったんです」

北條はその後、奈川渡ダムで再び望月の姿をキャッチする。上高地で話を聞いてからさして時間も経っていないので、望月と話すのはまだ早いと考えた。それだけではなかった。

「望月さんが鬼気迫るような雰囲気を出していたので正直、ディレクターとして恐怖心が湧きました。ここで話したら、またさっきみたいになるんじゃないかと。ディレクターもビビるわけです、選手に聞くのを。特に望月さんに気軽に話しかけられる人はすごいなと思うんです。レース中の望月さんは〝寄るなオーラ〟が出てるんです。顔は笑ってるけど、目の奥が笑ってない。僕はどうしようか、ずっとウジウジと迷ってたんです」

だが、そんな北條の葛藤など知らぬと、筈井カメラマンが望月に近づき始めた。

「行っちゃったんです、カメラが。ならば腹を決めていくかと思い、横に並んだ瞬間に、望月さんがぱっと僕の方を見て、『あっ！』て顔をしたんですよね。で、『あっ、話そうと思ってた』っていう感じで、望月さんから寄ってきたんです」

まだ、おっかなびっくりの気分が抜けない北條に、望月が包み隠さずに心情を語る。

「俺、何か、いろいろ言ってたけど、『こんなの挑戦になってんのかなー』みたいな。歩いてるだけじゃん」

北條はしばらく望月の話をじっくり聞き、タイミングを見て井出の言葉をぶつけた。同時に、「望月は苦しんでいるが、きっとやめないだろう」と井出が考えていることも伝えた。望月はすぐに北條に返事をした。

「ありがとうございます。でも、そんな話を聞いてなんなんですけど、僕に走る意味があるんですかね？　みんなこのトランスジャパンに出るために、アツい思いを持ち、練習して、すごい時間と労力、家庭、いろんなものを犠牲にしてやっている中で、今の自分はちょっと明確じゃない。『僕が走っていいのか』っていうのを今、思ってるんです」

望月の口から、さらなる一言が飛び出した。

「むしろ途中でリタイアして、次の大会に向けて練習した方が、明確な目標になるんじゃないかと思うんです」

北條は、悪い言い方をするとブラフ、煎じ詰めれば愚痴、あるいは本当にやめる気はないのに言ってるのだろうと、その言葉をひとまず聞き流した。

その後、しばらく別の会話があって、少しの間があったのち、望月が北條に問いかけた。

「北條さんは、どう思います？」

「僕は……簡単には言えないなあと」

〝どう思う〟の〝どう〟が、一瞬、なんのことか判然としなかったために、北條はそう言葉を継ぐのが精一杯だった。望月がちょっと思案して、さらに言葉をかけてくる。

「そうなんだよね。僕もその言葉、どうしようかな、簡単に言えない言葉だなと思ってたんですけど、その言葉を今、一生懸命呑み込んでるんです」

目の前の男は本当に今、棄権を考えている。自分は見誤っていた。それほど真剣にいろいろ考えながら走っていたのか……北條は体中の感覚が逆毛立つのを感じた。

望月は今、まさに棄権、すなわち稜線上の切り立った縁から滑落するギリギリのところを進んでいるのだと肝に銘じ、さらに1時間ほど横についた。リタイアの瞬間を撮ることになるのか。だがその途中に、望月はまたもや、気持ちを整理し直したらしい。

「一度言い始めたこと、最後までやり通した方がいいね」

北條は、ギリギリとはいえ望月が明日も走るだろうという感触を得た。

望月と別れた頃には、あたりはすっかり暗闇に包まれていた。

北條は、ようやく今回の〝番組〟がスタートしたのだ、との実感を抱き始めた。

「望月さん、面白いんですよ。『北條さんから見た望月ってなんだ？』って聞かれまして。僕、恥ずかしながら、これまで山の番組もレース番組も撮ってません。でも4連覇してますし、すごいのはわかります。望月将悟の魅力って、一介の山岳救助隊員ながらも、やり切る〝背中〟だとか、その〝人柄〟だとか、そういうので勝負するしかないんじゃないのって、偉そうなことを言っちゃったんですよ。そしたら、望月さんが『そうだよね』『言い始めたことやんないとね』って言って。そんな普通の会話を、やっとここで、できるようになって、初めて本当に望月さんに思い入れができました。4連覇した望月将悟ではなく、苦しむ44歳の望月将悟だと。明確に望月さんが自分の体に入ってきました」

さて、トップの土井。食べ合わせのせいか、胃腸の調子を悪化させていた。午前11時半過ぎに藪原駅を通過して以降、ややペースを落とし、時にベンチに寝転んだり、頭から水をかぶるなどして休憩を取りながら、症状の改善を待った。

午後2時30分過ぎ、中央アルプス手前の旧木曽駒高原スキー場へ到着。ここまでの睡眠時間は合計20分。だが胃腸の調子も大事には至らず、なんとか行けそうだ。

「2日目、駒ヶ根までっていうのは今までなかったと思うので、それ行こうと思って」

「どうしてそんなに急ぐんですか？」

「自分がどれだけできるのか試してるだけです。面白いじゃないですか、見てる方も、どこまで行くんやろうって。潰れたら潰れたで、楽しいし」

土井は自らのプラン通りに進み続ける。福島Bコースを木曽駒ヶ岳まで登り、中央アルプスの背骨たる主稜線を宝剣岳、空木岳へと縦走し、駒ヶ根高原まで至るルートはコースタイムが21時間45分。北や南アルプスと比べると距離は短いが、急峻な岩場が幾重にも続き、油断できない。とはいえ、土井なら半分ほどの時間で突破するだろう、と見込まれていた。このままいけば、望月の記録より半日近く早く駒ヶ根へ抜けてしまう。

コース上8合目付近にてこの日、比較的大きな熊の目撃情報があった。幸い、土井はこの熊とは遭遇せずに、標高差１７００メートルの道のりを3時間20分で登頂する。旧木曽駒高原スキー場で飲んだ天然水のおかげなのか、体調もすっかり回復した。

午後6時30分には宝剣岳へ。稜線に登った頃には、まだ南アルプスが視界に入っていた。撮影陣に「あれ、南?」などと応じてみせたが、状況はすぐに変わった。霧が出て、雨が降り始める。風速は20メートルほどか。土井の全身はすぐさま、ずぶ濡れになる。宝剣山荘で気候条件の急変を予期し、着られるものをすべて着て、ヘルメットも着装、手袋もして万全の態勢で出発していた。やがて陽が沈み、あたりは暗闇に包まれる。宝剣岳の岩場は剱岳と同様、足を踏み外すと命はない。両手両足を駆使して登り下りする。コース外の岩上からは、半袖短パンの駒井がじっとカメラを構えている。

宝剣岳を越えて延々と縦走路となり、景色が望めない。吹きすさぶ風、雨の中、忍耐の時が続く。慎重を期して進んでいたが、岩場で足を滑らせた。咄嗟にポールを突き、全体重をかけてしまい折ってしまった。身代わりになってくれたと感じ、ポールに謝意を伝える。

風は強まるばかりで、立って進むこともままならない。空木岳では這いつくばりながら急登を登る。ようやく達した空木岳の山頂では、気力も尽きそうになる。

だが、深夜に待ち受けていた友人の応援を受けて元気を取り戻し、駒ヶ根までの下山を開始する。

その頃、北アルプスの稜線上を槍ヶ岳へ向かって進む最後尾の選手たちがいた。

その一人が松本貴宏。電子部品メーカーに勤務。前述のように富山出身で学生時代から山登りをしていたので、北アルプスはよく知っている。妻や中学生の娘と山に行くこともある。走り始めたのは35歳の時。中年太り解消がきっかけだった。２０１８年は抽選で落選。２０２１年に続いて、2回連続の出場。沢登りも好きで、落差３５０メートルで難易度が極めて高い称名滝《しょうみょうだき》に挑んだり、遠く台湾にまで遠征に行くほどだ。ちなみに、徹夜が苦手だ。

雄山には妻も応援に来た。いつかはなくなってしまうかもしれない結婚式場より、自宅から望むことができて、いつもそこにある雄山がよいと、家族や友人を招いて雄山神社で式を挙げ、山小屋でビールを飲んだのはよい思い出だ。

午後4時前、黒部五郎小舎を出て三俣蓮華岳を目指す松本は帽子を脱ぎ、チングルマがたくさん咲く登山道を進んでいた。

「ぼちぼちって感じですかね。時間は、まだ余裕ある感じですもんね」

松本の表情に笑みがこぼれる。このあと、樅沢岳《もみさわだけ》の山頂付近の岩陰で食事を取っているところに稲崎がやってきたので、二人で西鎌尾根を登ることにする。

風が強まり、ガスがかかって視界が急速にきかなくなる中、槍ヶ岳山荘へ進んでいった。

二人の後続となると、上高地の関門通過が怪しくなる。その一人、竹内雅昭。

「何も食えないや。胃の痙攣でよれよれ。グミとか食べてるけど、水飲んでも吐くので」

2日目の午前5時、竹内はスゴ乗越でアルファ米を三口食べた途端に、えずきを我慢できなくなった。山小屋の使用不可というルール改定が、ボディブローのように効いている。温かい食事を取れないので、アルファ米に水を入れてふやかしたものでカロリーを取ろうとした。だが、胃が受けつけず、しまいには水を飲んでも吐いた。苦痛のあまりに、目元を押さえた。先へ進む力が失われた。薬師岳への登りは殊《こと》の外、辛かった。周囲に誰もいないのを確認すると、眠気も手伝い、そのまま行き倒れのように登山道上に倒れ込んだ。太郎平小屋を越えたところでスイーパーにつかれたが、先へ行ってもらうしかなかった。上高地の関門突破が危ういことはわかっているが、体に力を入れようとすると途端に胃に負担がかかる。ついには、1時間に何十回と空嘔吐《おうと》を繰り返した。

吹きっさらしの風が竹内の体力、そして精神力をじわじわと削り取る。

竹内は妻に「もうここまで。関門に間に合いそうにない」と電話で伝える。ところが、電話を切ると、やはり進んでいきたいという気持ちが沸々と湧き上がる。

　午後6時頃、小野塚カメラマンが黒部五郎小舎からしばらく先、三俣蓮華岳手前の登山道に座り込む竹内の姿を見つける。下を向いて苦しそうに息を吐いていた。

「ああ、もうダメ」

「ダメっていうのは……」

「もう力尽きた。力尽きました。限界です……というか動けないから仕方ないよね。体が言うこと聞かない。明日の朝8時までに上高地には、間違いなく着けそうにもありません」

　そう言いながらも少しでも進もうという気持ちが体のどこかに残っているのか、竹内は立ち上がってフードを被ると重い足取りで進みながら、ＴＪＡＲについて語り出す。

「ＴＪＡＲに憧れる人は星の数ほどいる。その中から一握りの人間が行動を起こす。山の宿題、かけっこの宿題、条件を満たして願書を出す。２０１４年に書類選考通過した時なんて、歓喜にあふれましたね。やっと予選会に出れるって。で、２０１４年は予選ボーイで敗退。2年に1回というスパン。オリンピック候補ほどじゃないにせよ、それに匹敵する30人だよ。2年間というか四六時中ＴＪＡＲのこと考えないと、憧れで終わっちゃう。岩瀬《いわせ》さん（ＴＪＡＲの創始者）もＴＪＡＲをよく考えたもんだ。山ヤの根源だよね。日本の屋根、北・中央・南アルプスを一筆《ひとふで》で行くなんて」

「今年も出られて幸せだと思いますか」

「いい夢見させてもらいましたよ、10年間。もっと早く知ればよかったのに、50過ぎてから知ったんで。52から62まで続けるなんて、自分の勝手ですけどね」

　すっかりあたりが暗くなり、眠気と疲労に耐えかねた竹内は、ハイマツの陰でザックを下に敷いてツェルトを体に巻きつけると寝込んでしまった。

その後方、最後尾を進む河田がハイマツの陰にいた竹内の姿を見つける。

「あれっ？　竹内さん、あっ、僕、10番の河田といいます」

竹内は、河田の呼びかけにすぐには応じられない。やっとのことで返す。

「まあ、頑張って」

「そうですか。竹内さんが前にいるのは、僕の心の支えだったんですけど」

「俺も、昔、そうだったけどさ」

竹内は自身の体調がよくないことを説き、制限時刻が迫っていても河田にはチャンスがあることを告げて、出立を促す。

「竹内さんが諦めてないのに、俺は諦められないなって思ってたんです。僕は行きます」

「関門を、突破せよ」

竹内が、河田に小声でそう告げて手を振り、エールを送る。河田がぐっと親指を突き上げ、前へと進み出す。少し離れてから、河田が小野塚カメラマンに語る。

「憧れ……というか鉄人です。尊敬というかあの精神力、すごいです。そんな方がリタイアされるんだから、よほどなんだと。……残り1日ならまだしも、あと6日間ということを考えると、レース続行は厳しいですね。命があってこそです」

事実上、上高地関門を目指す最終ランナーとなった河田は、全長で６キロにもなる西鎌尾根の稜線へと足を踏み入れる。

河田は２０１２年、北アルプス・焼岳小屋に宿泊中に雑談をしていてＴＪＡＲを知った。

２０１６、２０１８年は選考会落選。２０２１年、２０２２年と連続での出場を果たした。

その河田にとり、強風と濃霧は想定していたこととはいえ、体に堪える。やがて、前方にヘッドライトの灯りを目にする。ナンバー24・三上満《みかみみつる》（50歳）のものだった。

三上は広島市在住。２０１６年、北アルプスでＴＪＡＲ選手を見た会社の同僚から「三上さんは出ないのか」と言われ、大会を知る。２０２０年に望月の講演を聞き、出場を志す。自分が満たす参加要件はトレラン経験のみだったが、死ぬ時に「あの時、やってればよかった」と後悔したくはなかった。迷いなしに、山岳用品店で10泊可能なテントを購入した。その後、転勤で広島に来たＴＪＡＲ完走経験者・男澤博樹《おとこざわひろき》にアドバイスを受けるなどして鍛錬を積み重ね、出場をかなえた。

その三上、河田に２時間先行していたが、濃霧のために方向を見失い、進路を示すマーキングのある場所まで戻ろうと逆走している内に時間をロスしていた。二人は状況を素早く確認し、共に進む。まだ、西鎌尾根の中ほど。一刻の猶予もナシ。

２日目、リタイア者なし。

3日目

「10年の夢が終わりました。ありがとうございました」

8月9日
August 9

午前0時過ぎ。河田と三上は槍ヶ岳山荘を目指し、急いでいた。標高は2500メートルを上回り、夜間の気温は10℃ほど。吹きつける風の強さを考慮すると、体感温度は0℃近い。西鎌尾根では強風を避けられる場所は限られる。いいあんばいの岩陰を見つけ、そこで必要に応じて休憩を取らないと、体力をたちまち奪い取られてしまう。

二人も、もちろんそうする。しかし、そこでじっとしていると、途端に睡魔に襲われる。

「結構、寝ちゃいそうになりますね。厳しいんじゃないかな……8時……」

時刻は午前0時20分。場所は硫黄乗越と千丈沢乗越の中間付近。

計算上、コースタイムの6割のスピードで行けば上高地の関門時刻に間に合う。河田がコースタイムについて話を向けるも、三上はやや間をあけて、ようやく口を開く。

「ちょっと……寝るかなあ」

三上はそう呟いて、寝入ってしまう。事前取材では完走について「6・4でやれる」と言っていたが、最初の関門を前に早くも暗雲が漂い始める。

河田は、ほとんど寝ている三上の横でスマホを確認して状況把握に努める。しばらくの間、河田も、少しして目を覚ました三上も、ブツブツと何かを言い、あくびをして、そのまま時間が経過していく。だが、河田は考えをまとめると、気合を入れて自分に、そして三上に発破をかける。

「泣いても笑っても最後なんで。僕は行きますね。三上さんも行きましょう。もう、数時間で終わりますから」

河田が表情をがぜん引き締めて、三上の出立をうながす。

千丈沢乗越からの最後の急登はほとんど壁に思える。暴風の中、道を確認しながら進むが、足下の砂利道は状態が悪く、足を滑らせて転ぶこともあった。ハイマツをかきわけ、進んでいく。細かく分かれるルートでは何度か前後しながら、進むべき道を見定める。

二人で出発した時は河田がリードしていたが、西鎌尾根の強風に横っ面を叩かれ続けているうちに三上が覚醒し、逆に河田を引っ張り始める。ふっと振り返り、河田を見て一言。

「寝てるのかーい？」

「すいません！」

歩き出した河田だが、体がゆらゆらし始め、立ち寝をする。三上が手を叩いて起こす。

午前2時41分、二人で励まし合いながら槍ヶ岳山頂へ到着。ここから上高地までコースタイムは8時間。関門を突破するには、5時間で通過しなければならない。

「ここまで来たら、やってみるかというところですけど……結構、眠いですね」

河田はそう言って一拍おくと、鼻水を垂らしたままうつらうつらとし、ふっと目覚める。

ディレクターの野澤が、関門通過が微妙な状況であることを含めて三上に問いかける。

「……間に合いますか？」

「こればっかりは、やってみないとわかりません。……諦めてないですよ」

今度は三上がスパッとカメラに返答する。河田に先行して、下山を開始する。

その後を追って、単独で最後尾から登山道を下っていく河田。まっすぐ進むことができず、あたかも〝リアル版『ウォーキング・デッド』〟と化していた。濃霧で視界は最悪だ。睡眠不足で判断力も鈍っているため、道を見失う場面もあった。ふらふら蛇行を繰り返し、道幅の広いところでも脇へ外れて転倒しそうになる。そのたびに、最先端のジャイロのように絶妙かつ、ギリギリにバランスを取り戻し、進みゆく。……と思いきや、ストップ……。カメラマンの平出が回り込んで表情を見ると、寝ている。

「ゴールまで歩き通す」と宣言していた河田だったが、横尾山荘まで至り、ついに小走りに。間に合うかどうか、未だ危ういことに変わりはない。

一方、河田より先を進んでいた三上は、槍沢ロッジを過ぎたあたりで先行する稲崎、松本の二人に追いついていた。午前0時40分すぎに槍ヶ岳を出ていた二人は、風の強さ、視界の悪さ、足下の不安定さを考慮し、安全確保のため行動を共にすることに。二人とも富山出身で年齢も近く、富山なまりで話が弾んだ。10分程度の仮眠を何度か取りながら、夜通し進んできた。稲崎は計画では昨夜23時の上高地到着を想定していたが、前述の寝不足の影響で進みが遅れていた。とはいえ、少し早足で歩けば関門まで間に合うとみて、ペースを落としていた。稲崎が、追いついてきた三上に声をかける。

「復活したねえ、すごいすごい」

三上が応じる。

「時間的に間に合いそう？　走りましょう。頑張って」

追いついた勢いで、三上がさらに音頭を取る。

「ここまで来たんだから、行きましょう」

「行きたい」

「いや、『行きたい』じゃなくて、行けますよ！」

テンポよい会話で互いを励まし合いつつ、50代・3人組が三上を先頭に上高地を目指す。

広島県在住の三上にとって、日本アルプスへ足を運ぶのは容易なことではない。土日を基本に、前後どちらかに1日休みをつけて2泊3日で登山することを繰り返して、経験を積んできた。普段は電力会社でサイバー攻撃に対処する情報セキュリティー部門にいる。朝から夕方までずっとデスクに座っている。ファミコン世代で、かつてはゲームが趣味だったが、それも遠い昔。TJAR出場を目指し始めてからは毎朝5時に起床。出社前にランニングを。そのうち週1〜2日ほどは、12キロの重さの荷物を背負って坂を上ることを繰り返してきた。呑み会の翌日であろうと走る。「やめたい」という思いが湧き出る時には自分を俯瞰して見つめ、「今日も俺は面倒くさがってる。それはやめる理由にならない」。そう自らに告げ、トレーニングをやり抜いてきた。

西日本の人間にとって参加のハードルが高いTJARで、完走してみせたい。

稲崎、松本と3人で時折道に迷いつつも、ゆっくりとジョグを続ける。松本が語る。

「去年は短すぎて本当に、入り口だけというか、あまりやった気がしなかったというのが実際のところなんで、今回は行けるだけ頑張ってみたいですね」

午前7時40分過ぎ。

「あれだ！」

松本が一声あげる。関門が見えた。余裕をもって到着。必要な手続きを済ませて、10分後には三上、松本、稲崎は全員が関門を通過する。

三上は自分の危機が去ってホッとすると、途中まで同行した河田の身を案じる。

「10番の人はまだ来てない？　来そう？　西鎌尾根、一緒に登ったんです」

午前7時55分過ぎ、その河田が、時計を気にしながら走っていた。走り出してかれこれ1時間。歩き通す、という自身に課したルールは一時封印だ。

「あと5分か、怖いな……見えねえな」

クールな表情を崩さないまでも、やや焦りを感じ、スピードを上げて走り続ける。ようやく、ＣＰが目に入る。一気に受付へ。スタッフが急いでＧＰＳを出すよう伝える。

「セーフですか？」

「はい、セーフです！」

爽やかな表情。喜びを隠そうとしない。手続きを済ませて午前7時58分に関門通過。

ディレクターの杉目が、間一髪で最初の関門を抜けた河田に質問する。

「もう、走らない？」

「もちろんですよ、さっき走りましたから。必殺技というのはいつも使っちゃダメですからね。たまに使うからいいんですよ」


河田の関門突破から遡ること、約2時間30分。午前5時24分に竹内が双六小屋でリタイアを宣言した。ひとまずは進むことを選ぼうとしたが、スタッフから「確実に関門を越えられないが、それでも進むのか」と問われた。

「失格……了解しました。終わった。どうも、すみませんでした」

スタッフに何度も頭を下げた竹内が、カメラに向かって清々しい表情で話し始めた。

「すっきりしたというか、これで……10年の夢が終わりました。ありがとうございました」

表情がたちまち、くしゃくしゃになる。言葉が続かない。大会スタッフらに振り絞るように礼の言葉を述べ、カメラの前から立ち去った。学生時代、初めて山小屋のアルバイトに携わったのが、ここ、双六小屋だった。10年間に及ぶ長い挑戦の最後の時を思い出の地で迎えるのも、また何かの縁か。

竹内雅昭、62歳。最後の最後まで、何一つ、諦めなかった。

上高地を目指す最後尾の選手たちが北アルプス・槍ヶ岳を下りていた頃、トップの土井は尋常ならざるスピードで中央アルプスを踏破、駒ヶ根へ達していた。時刻は午前4時。

駒ヶ根のバスターミナル近くに店を構える、アウトドアショップ。同店の厚意により、店舗の軒先が選手たちが仮眠を取れる場所となっていた。土井はアラームを1時間30分後にセットして就寝。そのアラームが鳴る前に起床し、午前5時45分頃に出発。駒ヶ根市内を抜けて、午前7時前には山間部の峠道へ分け入る。標高1317メートルの中沢峠を抜けて、関門でもある市野瀬CPを目指す。この区間のロードの長さは29キロ。関門の閉鎖時刻は5日目（11日）の正午だが、土井は丸々2日間も上回るペースでここまでやってきた。

この頃になると、ツイッター上には土井の山行の速さに敬意を表して「1日1アルプスという単位が生まれた」などという書き込みが登場し始める。

陽が昇ると、たちまちロードが熱を帯び始める。土井はところどころで用水路の水を浴びて体を冷やす。その後にヘアピンカーブが続く峠道が待ち構えている。ロケ車が追跡していたところ、土井は突然ガードレールを越えて急斜面を駆け下り、遥か下を走るアスファルトのロードへ飛び降りた。迂回せずに数百メートルもの距離をショートカットする作戦だ。

「ずるずるーって滑ったら着くんで、道がなくても。南アルプスも下りてから、何カ所かある」

ＴＪＡＲ完走者でもあり、今大会では撮影スタッフの歩荷を務める岩崎勉《いわさきつとむ》によれば、ここでショートカットする選手はほとんどいないのではないかとのこと。共に大阪在住の岩崎と土井は数年前、ＴＪＡＲ主催のトレーニングキャンプで初めて会った。以後、ランニング講座の講師などを一緒に務めたことも。ある時、岩崎が運転する車で富士山へ向かう車中で、ショートカットについて話をした。土井はその後、めぼしい場所にあたりをつけて一人で下見を繰り返し、抜け道を見つけていたのだ。

午前9時40分、土井は市野瀬ＣＰに到着する。望月の大会記録より6時間以上早い。

真夏のこの時期、ＣＰ隣の公園では数年前まで夏祭りが行なわれ、屋台で焼きそばが振る舞われたり、夜には打ち上げ花火が上がったりと、賑やかだった。しかし過疎化が進んだ今、若い人たちは郷里に戻ってこなくなり、祭りもなくなった。周囲は静けさに包まれる。

さらに２０１８年大会までは、ここのＣＰが置かれている入野谷《いりのや》旅館が営業をしていて、選手たちは豪華な大浴場で風呂を浴びることができた。筆者も２０１２年には望月の入浴シーンを撮影するため自らも裸となり、小型カメラを持って洗い場に入り込み、横に並んで一言、二言、話を聞いた。そんなトリッキーな取材をしたこともあった。

その後、旅館は過疎化の煽りを受けて集客が難しくなり、営業をストップした。今大会では、屋外に実行委員会のスタッフが急ごしらえでポリタンクにホースをつないだシャワーを設営し、選手たちはそれを浴びるようになった。山小屋の利用が禁止され、市野瀬ＣＰでは大浴場入浴の楽しみもなくなり、レースは年々、ストイックなものとなっている。もっとも、現在トップをひた走る土井は、風呂があっても入らなかったかもしれない。

さて、土井は各種メディアや大会公式インスタグラムのライブ中継のカメラに取り囲まれる中で、到着するや否や、事前に送っておいた段ボール箱をスタッフから受け取り、すぐさま開封に取りかかる。土井の段ボール箱は、他のどの選手のものより大きい。

〝自分としてはリスクを分散するために、全ての装備のバックアップを入れていたので、当然の量だ。ただし、スタッフからしたら、そんなことはいざ知らず、土井2号が入っていると思っていたらしい。ここで、人が入れ替わる……いい案だ。次回は双子の弟（いません）に頼んでみよう〟

（土井のフェイスブックより）

開かれた段ボール箱の蓋《ふた》の内側に油性マジックで、こなすべき段取りが記されていた。

1充電　2お湯　3サンダル　4入れ替え　5食事

カップ麺も一気に掻き込む。火傷しやしないか、と心配になるくらいに、「ずずず」と音を立てていた。もう一つ、カレーメシも食べる。

ちなみに多くの選手が、このCPで横になって仮眠を取る。虫もいないし、床面が平らなのでマットなどを敷く手間も省けてよい。電源もあるので、機器の充電もできる。ところが土井の滞在は30分あまり。食事後、パッキングも迅速に行ない、南へ向けて出発の態勢を整える。だが……、

「OKOK。あーミスったぁ。……しまったぁ。言うてくださいよ、誰か！」

一度持ち上げかけた段ボールを置き直し、わざとうなだれてみせる。巻きつけたガムテープを剝がし、しまい損なったサンダルを入れる。周囲から上がる喚声。ここでは選手が有利になるアドバイスをするわけにはいかないので、誰もが生温かく見守るしかない。サンダルの前には、ガムテープを入れ忘れていた。二度も同じことを繰り返すとは。

「段ボールお願いします。……ああ、もう1個忘れた～。もうアホですね、僕は。このレースで一番焦ってます」

渡した段ボールを、取り戻す。コンセントに差しておいたスマホ用の充電ケーブルも入れ直した。これで3回目。

「泥沼、もうええわ。これでこんな苦戦するとは思わんかった。まじか」

寝不足により集中力が切れているのか、と見る者もいたが、本人としては、単に忘れっぽい〝いつもの自分〟だった。

土井の自宅での事前取材では、息子たちにも登場してもらった。特に次男で13歳の楓太《ふうた》は、父が出場するTJARについて「あんまり興味がない」と、にべもなく応じていた。

北條ディレクターが「日本アルプス総図」を示し、稜線上を踏破して8日以内で走るものだと説明し、土井自身が「アホやろ」と突っ込んでも大した反応はなし。このレースのインスタライブをもし見ていたなら、そんな父のことを見てどう思ったのか聞いてみたい。イジるネタにしつつ、父との距離もぐっと縮まりそうなネタになったのではないだろうか。

「距離は未知ですけど、そんなに恐怖心もないし、特別感もそんなにないかもしれないですね。いつも通りです」

土井が南アルプスへ挑むべく、市野瀬ＣＰを後にする。時に、午前10時17分。

南アルプスには３０００メートル級の高峰９座が並び立つ。日本アルプスの中で最長の稜線を伝って進まなければならない。仙丈ヶ岳（標高３０３３メートル）から仙塩尾根を経て、塩見岳を越えると3番目の関門となっている三伏峠へ。その後、３０００メートルを超える荒川前岳、赤石岳、そして聖岳を越えて、茶臼岳から下って畑薙第一ダムへ下りる。山塊の高低差は激しく、選手たちは最も疲労の激しくなるレース後半に、この難所に挑む。そこから最後の関門・井川を経て、ゴールの駿河湾まで85キロのロードが待つ。

土井は柏木登山口で水を汲み、仙丈ヶ岳を目指して地蔵尾根を登り始める。登山口の標高が約１１５０メートルなので標高差は約１９００メートルだが、途中で上り下りが何カ所もあり、累積標高差は２５００メートルに達する。そして水平での距離も15キロという途方もない長さだ。狭い登山道の上方は樹林に覆われるため、夜ともなれば月や星の明かりは届かず、漆黒に包まれる。
未知の体験をしてみたい、と常々公言していた土井。良好な天気の中でサクサクと登り出すが、やがて大きくペースを落とすこととなる。
天気もよく、空気も乾燥し、風も心地よい。この上ないコンディション。それが眠気との壮絶な戦いの呼び水となった。ここまでの睡眠時間は合計2時間。足が言うことを聞かなくなってきた。

〝酔っ払いの千鳥足を想像していただきたい。まさにその状況。横になったり進んだりを何度も繰り返す。寝ぼけながらフラフラ進んでいた時、「ドサッ」。木の上から黒く大きな物体が音を立てて落ちてくる。コマケンか？ 目を凝らすと、正真正銘のクマだった。あっ、クマ…、なんだクマか…。睡魔とは恐ろしい。スイマ＞クマという、構図が出来上がっていた。今ならフリーザが出てきても驚かないだろう。にっちもさっちもいかないため、ここで温めておいたカフェインをとる。眠気が少しづつ無くなる。少しずつ元気になってきて、回復しながら地蔵尾根を進む。途中、登山道から外れ、開発中の林道区間を選ぶ。ここは棘植物との戦いだった。大丈夫、試走したときには血だらけになったから、対策は練っている。棘植物くん、こっちはふくらはぎのゲイターを着けているからね。かかってきなさい。甘かった…、こちらが対策を練っていたこの1ヶ月で奴らは急成長していやがる。高さも2倍くらいになり、否応なしに棘が襲ってくる〟

（土井のフェイスブックより）

午後5時13分、仙丈ヶ岳に到着する。望月が大会記録達成時に到着したのは、プラス9時間が経過した4日目の午前2時。

山頂手前で、田中正人カメラマンと鉢合わせする。

「地蔵尾根ですごい眠たくなって……眠さはすごいですね。こんな眠たいんやと思いましたね、さっきは。自然と寝る場所を探していました」

仙丈ヶ岳から三峰岳《みぶだけ》を経て塩見岳まで続く仙塩尾根は、樹林帯が続く。標高差７００メートルのアップダウンが20キロ続く。暗くなって霧が出ると、足下以外は何も見えない。

午後6時、日没。視界の利かない林の中でも土井は速度を落とさない。

「意外なんだけど、速く感じない。こんなスピードでトップを走ってるのか、というくらいゆっくりに感じるんですけど、一定のペースなんですよね。だから、走り方がうまいんですよ。トータルで速いんでしょうね」

田中がそう評する土井。予定ではこの日のうちに三伏峠まで行くつもりだったが、時間的に困難であることがはっきりしたため、今夜は三峰岳を越えた先、熊の平小屋そばのキャンプ場でビバークをする作戦に変更する。

一定の距離を取りながら、田中は土井が眠気でどうかなるかもしれないとハイエナのように追い続ける。ＴＪＡＲ優勝経験者である田中は録画のスイッチを止めずに延々1時間以上も追いかけ、フレームの中で前を進む選手を完璧にとらえ続けるスキルを持つ。田中から逃れる術《すべ》は、ない。

土井も、田中〝鬼軍曹〟正人とのデッドヒートを堪能したようで、後日、記している。

〝鬼軍曹が迫っている。姿が見えなくなったと思ったら現れ、また見えなくなったと思ったら現れる。感覚的に追われている感覚に陥る。鬼軍曹から追われる…。ここは戦場か？（はい、ここは仙丈です）。それがどれほどの恐怖か容易に想像出来るだろう。それでも、いつの間にかライトも見えなくなったし、ようやく鬼軍曹を撒くことができた。流石に眠気と疲労、鬼軍曹の追撃を振り切った安堵感で座り込み、膝を抱えて少し仮眠態勢に入る〟

（土井のフェイスブックより）

午後7時過ぎ、仙丈ヶ岳から5キロほどの地点。土井は林の中の切り倒された木の上に腰掛け、膝を抱えて丸くなる。ふっと気配を感じたのか、顔を上げてヘッドライトをつける。一瞬、体が固まる。鬼軍曹こと田中カメラマンがそこにいて、一部始終を撮り切っていた。

「ちょっと……きましたね。ちょっとマシになった気がします」

土井は田中に言葉をかけると再びライトを消し、目を閉じる。3分間の睡眠を取ると、再び歩き出す。だが、

「イタタタタ」

土井が足を滑らせ、捻ってしまった。やはり3分間の睡眠では十分ではなかったようだ。

「体と脳が全然リンクしていない感じ。思ってるところに足を置けないし、意欲がどんどん削がれていく」

土井は代わり映えのしない尾根を、ただ我慢しながら進んでいく。

市野瀬ＣＰへは2位の木村が午後8時47分、石尾、馬場が午後10時30分前に到着する。

馬場は木曽駒ヶ岳の山頂神社で手を合わせて完走祈願をし、「必ず願いを聞いてくれます！」とカメラに向かって笑顔で語り、その後もマイペースで進んできた。それに対し、石尾は中央アルプスから下り立った直後に強烈な疲労感に襲われ、レースに対する執着心が急激に低下した。一時はレースなどどうでもよいと思うまでになった。だが、1時間ほど公園で横になって復調。駒ヶ根駅付近で馬場と合流し、レースへの意気込みや、補給食のこと、また都庁職員同士ということもあり仕事の話など、四方山話に花を咲かせた。


トップの土井が南アルプスで田中の執拗な追跡を受けている頃、中央アルプスへ至るロードでは、北條らが中位以降の選手たちへのアプローチを続けていた。

選手たちの憩いの場「まると」には、この日朝から中央アルプスへ向かう前に英気を養おうと、何人ものメンバーが集い、休憩を取っていた。

午前11時、坪井と関が二人で足を氷水につけながら談笑していた。杉目が坪井に聞く。

「足はどうですか？　調子は？」

「ごまかしながら、なんとかここまで来ました。もう、ロキソニンぶち込みました。痛いのはしょうがないので、とりあえず痛みさえ感じなければ動けるかなと思って。相変わらず足は上がらないですけどね」

「念願の魚肉ソーセージも！」

北アルプスを抜けて辿り着いた上高地で乾き物しか口にできなかった坪井は、魚肉ソーセージへの渇望を杉目に語っていた。その通り、魚肉ソーセージを4本、どか食いしていた。そこに関が話を差し込む。

「筋肉の復活には、ブドウ糖とビタミンAとCがいいらしいですよ。スポーツ整体の人に足が浮腫《むく》む話をしたら、『それは筋肉の細胞が死んでるから、ブドウ糖とビタミンA、Cはしっかり摂りな』って言われて」

「タブレットで売ってるやつでいいの？」

「ご飯です。ご飯とかパンがブドウ糖らしくて、たとえばカロリーメイトは果糖になっちゃうらしいです。そうすると吸収がまた変わっちゃうし」

「じゃあ、コンビニでちょっと菓子パン買おう」

「パンでも、食パンとかコッペパンらしいっすよ。菓子パンみたいに砂糖入っちゃうと一度分解してから吸収になるから、血糖値も変わるし」

饒舌に栄養学的な知識を披露する関。本職は人材サービス会社の管理職だ。愛知県在住、ボルダリングで体を鍛えてきたので、難所の岩場の攻略を楽しみにしてきた。ピアノやポケモンGO、キャンプ、読書、映画鑑賞も好きだ。登山歴は14年。日頃のトレーニングとしては、平日は週4回、10キロのランニングを行ない、うち1～2回は15キロ弱の重りを背負う。暑さに順応するため、厚着で走る。家族でどこか旅行に行く時には自分だけ早く起きて走って目的地へ向かい、現地集合したりもしている。それはどれくらいの距離の場所なのか。

「マックスでも、50とか60キロくらいじゃないですかね」

謙遜してインタビューに応じていたが、一般人からすると信じがたい距離だ。

「人生、刺激が欲しいんですよ。あとは冒険ですかね。やっぱ、普段じゃ味わえない極限の状況まで自分を追い込むと、その中でいろんなドラマが生まれてくるんです。やってる最中は辛いですけど、振り返ってみるとすごく思い出になるんじゃないかって」

ＴＪＡＲに出たＯＢに話を聞くと、「大したことない。できるよっ」と誰もが口を揃えて言うので、自分も完走して同じことを言ってみたい、と密かに願っている。

２０１８年に登山仲間が出場するというので自分も挑戦を決意。これを乗り越えれば、どんな状況でも乗り越えられる自信がつくのではないかと考えた。気がつけば、生きがいになっていた。

２０２１年は選考会で落選するも、今回、初出場を果たした。

「選考会通過の連絡をもらった時には泣けてきた」とフェイスブックに書き込んだところ、妻からは「子どもが生まれても泣かなかったのに、これで泣くか？」と突っ込まれた。

もっとも妻は、関がＴＪＡＲ挑戦を決めてからは、いろんな面で協力を惜しまなかった。

「仕事もそうだけど、準備や、やっている最中にマネジメントがしっかりしてればうまくいくことも多いので、その大切さが証明できる場になるかもしれない」

その関は、しばらくの間「まると」に留まって、ソースカツ丼と天丼とおにぎり、そしてスイカを頬張る。

「夏だわ～。ああ、うまい、スイカのカリウムは浮腫《むくみ》にもいいらしいですよ！」

関の話をうなずくでもなく聞いていた坪井が、出立する。

「なんか、意外と後続の人が来ないな。また一人旅になっちゃうな。あれなんすよ、ずっと一人旅が多くて寂しいんですよね！」

と関が気持ちを吐露したところで、何かを指さす。坪井が忘れていった手ぬぐいだ。

「坪井さん、足、拭いてましたよね。さすがに持っていくの、嫌だなあ」

関はどうやら絶好調のようで、話が止まらない。

「境峠、終わったあと下りに入るんですけど、その時に腸脛靭帯がアツい感じで、『うわこれ、ブチッと、これやべっ』と思ってみたらアブが咬《か》んでいました。お前かい！」

関はそう言うと、坪井の手ぬぐいを持って出立する。坪井には中央アルプス登山口で追いついて、ちゃんと手渡すことができた。

午後4時頃に「まると」を目指していたのは、ナンバー29・井嶋健一《いじまけんいち》（59歳）。

「暑いすね。この気温で走るのは健康によくないですね。というか、このレース自体、健康によくないですけどね」

「お医者さんからみても、健康によくない？」

「誰が見たってそうじゃないですか。いいわけがない」

本業は整形外科医という井嶋が、苦笑しつつ答える。そして憧れの場所へ到着する。

「ここでみんなと何か食べたかったな。やっぱり一人になっちゃう」

井嶋はスイカを買い求めて、荷物から何かを取り出す。

「スプーン！　そんな重くないから、1個、ぽいっと入れてきました」

暑い一日だったので、スイカが美味しい。牛乳、豆腐、サラダチキンも。

「レースを楽しめればいい。でも、完走はしたいですね。完走しなかったら、悔しい」

猫好きで2匹飼っているという井嶋が、腹をいっぱいにして立ち上がる。滞在時間40分。


午後9時30分、「まると」の店長はゆっくりと進んできた選手を駐車場で待ち受けた。

「閉店3分前ですが、よかったら買い物できますよ」

稲崎だった。店長の気遣いに感謝しながら、誰もいない店内でカレー弁当と山賊揚げと自宅でも毎日自分で作っているという焼きそばを購入し、外で食す。日が暮れたあと、境峠を越えてここに向かう道中、草むらから目の前にイノシシが3頭飛び出してきた時には肝を冷やした。鼻でこちらの状況を探っている時には血の気が引いたが、襲撃を回避できてよかった。雨脚が強まってきたので、ここで少し仮眠を取った。


稲崎にはこの日の朝、北條が話を聞いた。ザックから洗濯物をぶら下げて走っていた。3日目にして晴れたので、どこぞで洗濯をしたらしい。

「わざわざ富山まで撮影に来てもらったのに、あれです、こんな後ろですいません」

本大会前に北條から事前取材を受けていたことと絡めて稲崎は笑いながら話したが、北條は選手側の〝撮られるプレッシャー〟に改めて気づかされた。普通にカメラを向けられるだけで、選手はどれだけ気が休まらないか。撮られることで、上の順位を目指さないといけない、などと思わせてしまうのでは、と。

一方で北條自身もここまで3日間、選手たちに話を聞き続けてきて、精神的にやや辛さを感じ始めていた。

選手一人一人に真剣に相対すると、とても緊張する。今、話しかけていいのか。離れてほしいと思っているのか。あれこれ気にしながら話さざるを得ない。数珠つなぎに連なる選手に話を聞いていく時など、「また、人に話しかけなきゃいけないのか」と思いそうな自分がいて、「いや、一人ずつ、しっかり向き合わなきゃいけない」と自らを叱咤激励するのだが、どうやったところで緊張の糸が切れる瞬間がある。そうした時に、心がちょっと潰れそうになる。

「要するに、この番組はいくら撮ってもきりがない。たとえば編集上、中央のロードの映像は使用する割合が低い。わかっていながら、いい話が撮れないと落ち着かず、寝る気になれない。で、『やはり撮ろう』となる。撮るならば、最後を走る河田さんまで全員を追いかけようとなります。どこで終わりにするか、区切りがつけられない。撮影本部から『そろそろ交代して寝る時間だ』と指令も入るんですけど、やり過ごして、とりあえず河田さんまで行こう、となる。誰かがとんでもない場所でビバークしたり、不慮のことでリタイアしたり。何か起こるんじゃないか、南アルプスでの何か大きな出来事のフックになることがここで起こるんじゃないか。そう考え出すと〝沼〟にはまります。どんどん悪循環に陥ってしまいました。筈井カメラマンがそうした僕の姿勢に文句を言わなかったのは、同様に不安だったからでしょう」

北條がメイン・ディレクターを務めるのは、2021年に続いて2回目。2021年は大会中止に伴い、予定されていた89分×2本を半分の1本に変更して、番組を作り上げた。

その経験も踏まえて、この番組の負担の大きさについて続ける。

「この仕事は大変です。半年以上かかりきりになります。それ以上に、自分の中で強い葛藤があるんです。僕は取材対象者のマネージャーのようになって、ほめそやしたりしてしまうような取材は忌み嫌っています。それも一つの視点ですけど、自分としては、相手を調べ尽くしたうえで〝究極の無知〟、つまり容易に納得せずに相手に接し続けることが自分の取材を可能にすると考えています。ですけど、この仕事はつい選手に思い入れして、選手の側に立ちたいと思ってしまいます。選手を知れば知るほど、そちら側に心情が寄っていってしまうという点で、無茶苦茶苦しい番組なんです」

そのうえで、視聴者の〝本当の〟共感を得るための心構えも持っておく必要がある。

「僕が普段携わる経済番組で取材するのは、多くが社長です。それに比べて選手たちは、圧倒的に普通のサラリーマンです。そりゃ、思い入れも強くなります。選手が苦しむ様子を目の前で見てますし、選手が言っていること、よくわかるんです。一方で、冷静に考えたら『わからない』ことだってありますよ。レース中、選手はモチベーションが上がっているので格好いいことを言ったりします。そういう時、『それは本当の理由ですか？』『表面的な言葉でごまかしてはいないですか？』『逃げてはいないですか？』と思ったりもします。本当の弱い自分をポジティブに見せようとしてはいないか、と感じるんです。きれいな言葉に寄り添いすぎると、僕らが共感する『人間の本当の弱さや汚さ。それでも乗り越えて生きていこうとする強さ』が見えなくなる。ＴＪＡＲって、無様《ぶざま》な姿で山を一歩一歩進む、そういうごまかしが利かない様子を撮らなきゃいけない。だけども、そんなふうに、粗《あら》を探すような視点でじっと相手を見続けるのは辛いじゃないですか。あれこれ考えていると、ロケや編集の最中、頭の中がゴチャゴチャになります。ドライに整理できず、すごく苦しむので、『ああ、今年も来たか……』って思うんです」

北條は大会スタート以来、ここまで一度も笑った表情を見せていない。トップの土井が独走し、望月もリタイアの可能性を匂わせる。そして番組全体の骨子、ストーリーラインをうまく見定められない中、他の選手たちをどう位置づけていけばよいのか。煩悶しながら、ロードの撮影を続けていく。

北條は坪井を追うことにした。その坪井は、奈川渡ダムから境峠へ向かう最中、道路のへりに誤って足を乗り上げて転倒して右肩を強打。裂傷ができて肩がまったく上がらなくなっていた。遡ると、薬師岳に着いた時点で、シェルター内でズボンを脱ぎ着する時に、もう膝をぐっと曲げられなくなっていた。その筋肉疲労は起床しても治まらず、槍ヶ岳登頂の際にはさらに悪化していたのだった。さらに、境峠からの下りでザックを背負い直そうとすると、右肩から「ゴキッ」と異音がした。どうにも調子が上向かない。

7日以内の完走という目標は諦め、8日以内の完走に〝超下方修正〟したが、それもどうなるか覚束《おぼつか》ない。北條がロケ車からその姿を認めた時には、坪井は右腕に力が入らないため、ザックを肩では背負わずに斜《しゃ》に構えた高校生のように二の腕に引っかけて、ひょこひょこと苦しそうに進んでいた。

「この先にドラッグストアがあるので、そこでテープを入手して、多分それでなんとかなるかな。あとは飲み薬も持ってます。ズッキンとくるので、どじりました」

北條は坪井の話を聞きながら、やや、もやっとした思いを持った。

「去年から今年にかけて、坪井さんは苦しかったけど楽しかったと思うんです。たとえば言葉遣いも、僕らにはすごく丁寧なんですけれども、節々に『ロキソニンをぶち込んだら、足が治りました』とか、本来そんな言葉を使わなそうなのに高校時代に戻ったような言葉が散見される時があって、『坪井さん、これ、楽しいんだな』と思ってました。でもここまでのレース展開を見ていると、ちょっと前のめりに見えて、ひょっとすると『これ、無理してるんじゃないか』と感じたんです」

それはただの北條の思い過ごしなのか。北條はひたすら〝見《けん》〟に徹し、その姿を容赦なく撮りきろうと、気持ちを新たにした。

愚直な取材は、終日続けられた。3日目、北條が最後に撮ったのが河田だった。相変わらず歩き続けていた。最下位ながら、焦る様子もなく飄々としている。北條は、河田から含蓄ある話を聞く。

「『常時最下位にいると誰とも会わず一人でTJARをやっているわけで、その景色は自分と、一人で進んでいる土井さんしか見てないものだ』って河田さんは言うんです。レースを前から見るか後ろから見るか、違いはそこだけだと。面白い方ですね」

河田は人材サービス業の企業に勤める。海外のロングレースを完走したり、南米最高峰・アコンカグアへの登山へ出向いたり、社会人になって以降もチャレンジを重ねてきた。さらに何かないかと探して辿り着いたのが、TJARだった。サラリーマンが8日間という限られた時間の中で日常の外に出て冒険を、という大会創始者・岩瀬幹生《みきお》の志に、強く共感した。

もっとも、目指し出してから出場までに7年を費やした。体力的には曲がり角を過ぎ、私生活でもいろいろ変化があった。

北條は、河田ら異なる個性を持つ選手たちに話を聞くうちに、気づかされた。

「長いレースを走るうちに、一人でいる時間が長いせいか、自分がなぜ走るのか、みんないろいろな意味づけしながら走るのが面白いなと思いました。撮ってる私たちも、いろいろ勉強になります。単に1位から30位という順位がつく、というだけではないんだと」

河田はゆっくりと歩きながらも終始、丁寧に北條のインタビューに応じた。一定のペースさえ守れば、大浜海岸に辿り着けるはず。河田の眼差しには確信が宿っていた。

トップから最後尾まで撮りながら、北條はいろいろと教えられることがあると感じ入った。「俺たちが想像もしないことを、選手たちは思いながら歩いてるのだ」と。

そして、望月。この日は午前8時30分過ぎに中央アルプスの登攀を開始した。望月を師と仰ぐ大畑は、旧木曽駒高原スキー場で4時間半の睡眠からの起床後、パッキング中に望月の姿を見かけ、それだけで感無量になる。一方で望月は、大畑にあえて話しかけたりせずに出立する。

その後、途中で先行していた貝瀬と合流する。貝瀬は、気のせいか、望月がぐんぐんとペースを上げていっているように思えた。〝静岡の熊〟が本領を発揮し始めたか。木曽駒ヶ岳への8合目で、先を進んでいた野寄にも追いつく。

坊主頭の野寄は旧木曽駒高原スキー場の水場で頭から水をかぶって気合を入れ、体の不調などもなくここまで来ていた。普段から比叡山や大峯奥駈道《おおみねおくがけみち》を走り、天台宗の千日回峰行にも関心を示す野寄は、前年と比べても表情の精悍さが増しているようにも見えた。

正午頃、３人揃って木曽駒ヶ岳へ登頂を果たす。望月は「晴れ男の本領を発揮する時だ」と二人に対して意気込んでいたが、天気は変わらず、しけたままだった。

やがて宝剣山荘へ到着。貝瀬は、麓のスキー場の手前にあった無人販売所で買った数本のキュウリに、持ってきていた塩をかけて栄養補給する。一方、野寄はＣＰ到着時間を記入したあと、うっかりペットボトルの茶を買いそうになる。規定違反だ。水か茶か、それが生死を分けるのだ。野寄にとっては、このレース中、最も危険な瞬間だった。

3人は揃って小屋をあとにして、宝剣岳の鎖場へ取りかかる。

「鎖、滑るから気をつけて！」

「了解でーす！」

望月のアドバイスに後続の野寄、貝瀬が大声で、キビキビと返す。望月が言う。

「こんな好き勝手に山をやってる奴が尊敬してもらえるなんて」

宝剣岳通過後は、先を行く井出を東川岳《ひがしかわだけ》付近で吸収し、4人に。望月は野寄と貝瀬に先行し、井出と山行を続ける。大会や家族、人生のことから近い将来飼いたい犬についてまで話は及んだ。井出にとって望月は、自然体で、愛のある人だと感じられた。

中央アルプス登攀開始から12時間。眠気と戦いながら山道を下る。突破はもうすぐだ。

駒ヶ根に下りるとテレビカメラも待ち受け、応援者もたくさんいるだろう。冗談を言いながら応援者と話したり休憩を取りたいが、それも難しいか。少し、怖い気もする。

この日午後、撮影本部が上高地から市野瀬CP近くの公民館の一室へ移動した。筆者は国沢プロデューサーらと、「望月が今、何を思っているのか」について話し合った。情報があまり入っていなかった。

「齊藤、行ってきて、必要なら発破をかけてきてくれよ！」

筆者は国沢の後押しを受けてロケ車に慌ただしく乗車し、望月に会いに行った。

駒ヶ根のスポーツショップ前へ降り立つ。先に見張っていた瀬川から、望月が寝ていると聞き、その起床を待つことにした。スチールカメラマンや、望月の妻の姿があった。元々は来るはずではなかったが、心配になって、やってきたという。

「久しぶりに出場して、このレースがいかにきついか、思い出しているんじゃないの？」

甘くない言葉で、夫の今を表現する。就寝中の望月をそっと眺める。聞いた話では「2時間ほど寝る」とのことだったが、1時間と経たずにゴソゴソと動き始めた。

スチールカメラマン数名が周囲を取り囲み、しばらく撮影する。

望月がザックの整理を済ませて、小走りで進み出したので、小型軽量のビデオカメラであるＧｏＰｒｏを持って並走を開始し、質問を投げかける。

「望月さんと真剣勝負をするぞと思ったら、何かツメを隠した猫みたいになっていて、『あれ、勝負してくれないのかな？』、そのようにちょっと残念な気持ちを持つ選手もいるようです。どう考えますか？」

望月は走りながら、真摯に答えた。

「勝負したいんだけど体が動かない。自分は、なぜやってるのかわからないままスタートを切った。なので、本当にみんなに申し訳ないと思いつつも今、半分くらいまで進んできたところで、自分のスタイル、考え方が見えてきました」

面倒な質問に答えながら、望月は例によってゴミを拾い、路上で待っている応援者にも、必ず返事をする。それでいて、走りにはリズムがある。筆者は、望月がすっかり〝戦意喪失〟しているのではないか、と勘ぐっていた。とんでもない思い違いだった。

　望月のキビキビとした姿をつぶさに見られたからには、発破をかけて退散するのみ。

「僕らテレビができるのは、ここから南へ走っていく望月さんの背中を撮ること。野寄さんのように本当に大会を目指す人、……それと世の中の大半の人は出られませんが、そういう人たちが何か思ってくれるような走りを撮れればな、と」

「ありがとうございます」

　望月は、軽やかに走り続ける。間を置いて、筆者への問いかけがなされる。

「山の上で田中正人さんや平出さんに話を聞いてもいいですか？」

「はい、どんどん話をしてください」

　そこで話を終えた。望月は温かいご飯を食べたいと、過去の大会中に一度も入ったことがない外食チェーンの店舗へ入っていった。気がつけば筆者も、３キロ以上並走していた。


　この日、難しい決断を迫られた選手がいた。西田敦洋だ。

　午後４時前に旧木曽駒高原スキー場を発った西田は順調に歩みを進めていた。中央アルプスの稜線上に出る前に、防寒のため上下のレインジャケットを着ようとする。ところが、一つの袋にコンパクトに収納していたはずだが、見当たらない。どこで紛失したかも見当がつかない。血の気が引き、動揺のあまり何度も転倒しそうになる。悪いことに、稜線上に出ると暴風雨となっていた。標高３０００メートル近い高さの稜線をレインジャケットを着ずに突っ切ろうとすれば、低体温症で死亡する可能性もある。どうする？

西田は広島県在住。学生時代は柔道に打ち込み、卒業後は海上自衛隊に入隊。現在は呉市の部隊で勤務する。５年前までは、海上自衛隊随一の精鋭特殊部隊・特別警備隊に12年間所属。潜水訓練や、相手の船に乗り込んで狭い中で相手を制圧する訓練に明け暮れた。その後、内勤に移り監視業務に携わるようになったが、いわゆる普通のサラリーマンのような職場で、燻るような思いを抱き、過ごしてきた。

転機は、三上と同じく男澤が広島にやってきたことだった。西田は、２０１６、２０１８大会の完走者である男澤が高山病に苦しみ抜き、鼻血を出しながらもゴールする姿をよく覚えていた。

「自分も、あんなアツい場所に身を置きたい」

そう熱望していた西田は、男澤が広島に来て４日目に酒を酌み交わし、意気投合した。

以後、２０００メートル峰のない広島からアルプスまで夜通し自分で車を運転し、登頂、訓練を繰り返した。仕事終わりの金曜日18時に広島を発ち、土曜日の朝５時に登山口着。速やかに登山を開始し、コースタイム20時間以上の行程をこなし、17時に終了。睡眠後、日曜日０時から登山を再開。またコースタイム20時間以上のルートをこなして昼12時下山。入浴後、速やかに現場を離脱。広島へは深夜に戻るというパターンを繰り返した。

日々の練習も朝は通勤ラン５キロ、昼休みに９キロの重さのあるザックを背負って10キロ、夕方には自宅近くの標高５００メートルほどの山も含めて10キロと走り込んだ。職場では引かれたが、気にもならなかった。師匠・男澤は8カ月で名古屋へ戻ったが、その後も鍛錬を重ねた。

２０２１年大会では、開催期間に選手と一緒に走ることで気分を高めようと狙った。格好も選手に準じた。実はこの時のロケで空撮されたカットのうちで最も優れたものは、西田を映したものだった。編集の途中まで、よいカットだから、と残しておいたのだが、撮影時刻と場所などを照らし合わせた結果、それは30人の選手のいずれでもないと判明。その正体が謎に包まれていた。２０２２年大会に向けて西田に取材を行なった時点で、「去年、延々とドローンに追われていた」との証言が寄せられ、西田を映したものとわかった。

その西田、序盤から胃の調子を崩し、体調不良に陥った。その後持ち直してここまで来たが、まさかの必携品遺失という事態を招いてしまった。しかし、西田はすぐに動く。自分の命を守るため、また、ＴＪＡＲの選手は登山者の模範であるべきだと考え、レース続行を断念。午後8時20分、木曽駒ヶ岳の頂上山荘にてリタイアを宣言する。涙がとめどなくあふれた。

「力量は関係ない。やるのか、やらないのか、それだけだ」

レース後に語った西田。壮大なチャレンジの場に、また戻ってくることだろう。

4日目

「『これ、なんの意味があるんだ』と思いました」

8月10日
August 10

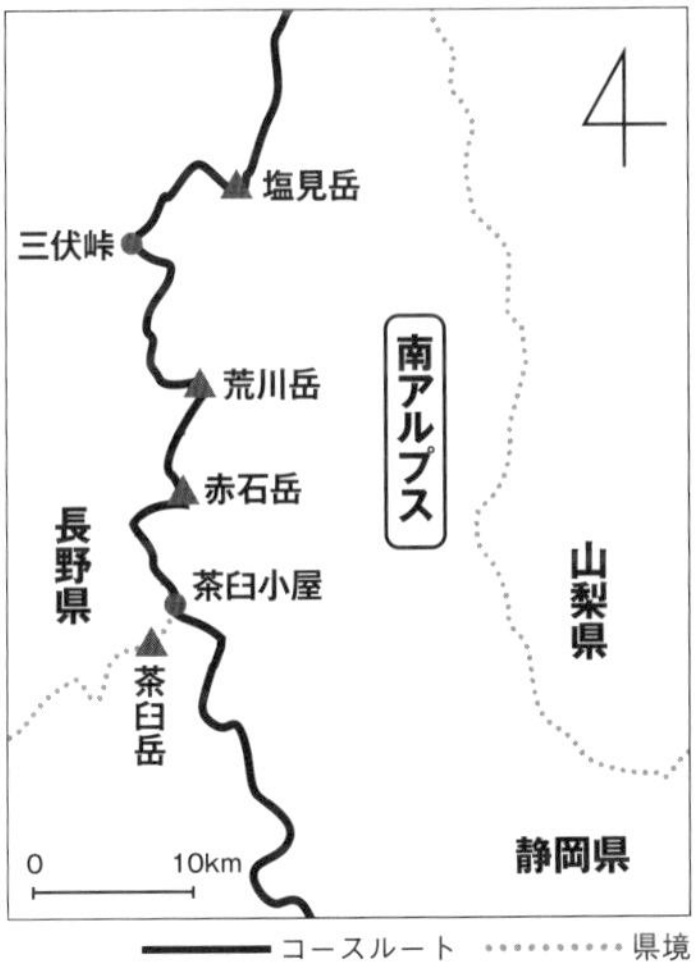

コース上、塩見岳手前に位置する熊の平小屋。深夜、山岳撮影チーム・定点カメラ担当の濱野実と歩荷の岩崎勉、ランカメチームの一瀬《いちのせ》圭介《けいすけ》と歩荷の雨宮《あまみや》浩樹《ひろき》、計4人は、トップの土井がやってくるのを待ち受けていた。仙丈ヶ岳から土井を追っていた田中正人・守屋《もりや》高志《たかし》班は、野呂川越で土井と離れて仙丈ヶ岳方面へ戻っていた。

当初、土井が熊の平小屋まで来たら、近づいてくるその様子を濱野班が撮影。その後、一瀬班が追跡するというプランだった。そのため、追跡に入る一瀬班を休ませるためにも、土井の動向を定期的に確認する必要が生じ、その業務を岩崎が志願した。熊の平小屋の電波状況は良好ではなく、ガスが立ち込めると、電波の入りやすい場所まで行かなくてはならない。土井が仙塩尾根を進み出してから、岩崎は選手の位置情報をスマホで確認するため、2時間ごとに、コースタイムで15分隔たった距離にある樹林帯まで往復をくり返した。目的地でスマホを操作、ＧＰＳ情報を確認すると、合計1時間ほどかかる。そのため、戻ってきて1時間後にまた出発となる。睡眠をこまめに取る必要があったが、寝過ごすのが怖く、なかなか寝つけない。そのうちに、土井が小屋から2キロほど隔たった三峰岳付近に来る時刻になった。1時間と経たず、こちらまでやってくる。

午前1時頃、ガスにより視界不良の中、ヘッドライトをサーチライトのようにして左右を照らしながら土井が到着。明らかに、やつれている。ペースも遅い。土井はまっすぐキャンプ場に向かい、ツェルトを張る。午前1時23分、就寝。


土井が2時間ほど仮眠を取ると聞いた濱野は、岩崎に告げる。

「土井さんの小屋からの送り出しは一瀬さんに任せて、僕らは先回りして、夜明けの塩見岳の山頂で待ち受けましょう」

濱野はドローンカメラで、夜明けの薄暮の中、山頂へ進みゆく土井の姿を撮ろうと考えた。濱野と岩崎は、消灯時間を過ぎた小屋内でヘッドライトをつけ、他の就寝者の邪魔にならないよう、支度を開始する。濱野が先行。岩崎は30分後に濱野を追う。

気がかりは、土井の進むスピードが自分たちより速いこと。塩見岳までのコースタイムは、5時間50分。土井が仮眠を予定より早く切り上げることもあり得る。二人は追われるプレッシャーを感じながら、コースタイムの70パーセントほどのスピードで、15キロ近い重さの荷物を背負って進む。岩崎はTJARの選手時代を思い出す。

二人は夜明け前に塩見岳山頂へ到達。しかし、ガスで土井の姿は眼下に見当たらない。岩崎は1キロほど戻って土井を待ち受け、姿が見え次第、トランシーバーで山頂の濱野に連絡することにして、今登ってきたばかりの道を逆に駆け下りる。

土井は1時間半ほど睡眠を取った。寒さで何度も目が覚めたが、雨でないのは幸いした。出発し、北荒川岳を経て塩見岳を目指す。朝焼けがアルプスの山々を照らし、一刻ごとに様相が変わる。山での一番好きな時間だ。霧が晴れて目の前に姿を現した塩見岳の見事さには、目を奪われた。

塩見岳の取りつきから続く急登は土井にとって、何度来てもキツく、慣れないところだ。

出発して3時間半後、塩見岳山頂に近づこうとする頃、前方に岩崎の姿を見つける。土井は、見知った岩崎の顔を見るや否や、安心して話しかける。

「岩崎さん、眠気対策ってどうしてるんですか？」

5回のTJAR出場歴を踏まえての岩崎のアドバイスは……、

「一番いいのは………寝ること……です」

選手たちの眠気対策は様々だ。佐合要は好きな落語を、ナンバー11・野田憲伍《のだけんご》（39歳）はハウスの大御所DJ SNEAKのLIVEミックスを聞き、もしくはよくある例として「ウォー」「眠くない」などと絶叫する手もある。だが、その効果にも限りがある。

「そうですよねー。やっぱ、そうだよな」

眠気を我慢しすぎると幻覚が見え出す。さらには意識が飛んで、立ち寝をしてしまう。それはまずい。では、どうしたらいいのか？　寝るのが一番だが、1～2分でなく、まとまった時間寝て筋肉を回復させ、頭をスッキリさせるのが一番いい。岩崎はそんな話をした。

目の前の超人も眠気は辛く、体に堪えるのかと感慨を抱く岩崎を前に、土井が自らに言い聞かせるように一言を発した。

「眠気は魔物だ」

そう名言を残し、土井は走り去った。その場に濱野のカメラはなかった。岩崎はこの後、濱野と合流して土井のセリフを伝える。濱野は凹《へこ》んだ。ここまで、土井の心のうちを思わせるコメントは撮れていなかった。続けて岩崎が、

「じゃあ、ＳＮＳで撮影本部に伝えておきます」

と話すと、濱野が血相を変えた。

「いやいや、そう書くと、ディレクターたちはその発言が撮れてると思うでしょう！」

急いで、そのメッセージを消去させる。岩崎は、まだ撮影チーム側の段取りや勘所がよくわからない。うっかりそういう情報を上げると、その場面が撮れたものとして話が進み、編集室で、あったはずのインタビューがないとわかり、困り果てることがある。

岩崎はテレビ業界の人間ではなく、責められる筋合いではない。濱野は撮影の流儀や方法を限ら

れた時間の中で手短に岩崎に伝え、以後は濱野がカメラを構えている間に、岩崎が〝にわかディレクター〟として、濱野の背後から質問を投げかけるまでになった。時には、岩崎がＧｏＰｒｏを持って一人で撮影を行なうまでになった。

岩崎は、他にも面白いエピソードを残してくれた。

前回も歩荷を務めた岩崎だったが、今回、より機動性を確保するために、荷物の量を切り詰めようと試みた。大きく重量を減らせるアイテムが一つあった。

「バーナーを持ってきませんでした！」

「それ、いるでしょう！　食事とか作るのに！」

濱野がまた、顔をしかめた。いつやってくるかわからない選手を山頂で待つ時、それで食事を作ったり、暖を取ったりするため、バーナーの重要性は極めて高いのだ。凸凹コンビはしかし、共闘しながら、最終日まであの手この手で、手を携え、優れたカットを着実に撮りだめていく。

一方、土井は塩見岳を越えて一路、三伏峠へ向かった。途中から左足の小指が痛み出す。靴も靴下も濡れている。眠気との戦いが続いていた。足を置きたい所に置けない。頭で足を置こうと思った場所に、足が着地しない。少し休みを入れて体を整えた。

午前９時。日本で最も標高の高い峠である三伏峠では、野澤ディレクターが土井を待ち受けていた。大会３日目の早朝４時過ぎ、槍ヶ岳を発って上高地へ下山。その日は駒ヶ根市内のホテルで一泊して、４日目の早朝２時過ぎにホテルを出発。午前４時に登山口から登頂開始。午前７時に三伏峠の小屋に到着して取材態勢を整えているうちに、「土井が間もなくやってくるから待機せよ」との連絡が撮影本部から入ってきた。あまりにも、速い。

土井は三伏峠に着くや否や、野澤の前で足のケアを開始する。安全ピンでマメを潰し、クリームを塗り込む。痛みが和らぐ。南アルプスに入り、ペースが遅れ出していたことに不安を感じた土井はもう一度、各区間ごとに区切った想定タイムを確認する。一つ一つこなしていこうと覚悟を決める。荒川前岳（３０６８メートル）、赤石岳（３１２０メートル）、聖岳（３０１３メートル）の３０００メートル峰を、今日中に越えてしまいたい。

「なかなか、でも……」

「でも？」

「簡単じゃないなあ、と。簡単じゃない」

野澤の問いかけに対し、土井は顔をしかめながらもキャップのツバの下で一瞬、ニヤリと笑みを浮かべ、ここからの南アルプス後半戦へ向けて気持ちを引き締めた。

三伏峠をあとにした土井は、荒川岳の急登へと進む。途中、若い男女グループが楽しそうに登山をしていた。風呂に3日間入っておらず、歯も磨いていないので、そこにはちょっと入れない。粛々と進み、荒川岳頂上を経て、ＣＰとなっている荒川小屋へ。

土井は、十数人の応援者たちの前で再び足のケアを。じっと見守るオーディエンスに冗談を投げかける。

「そんな見てても、バッグから鳩とか出てこないですよ～」

笑いを取ると、土井は小屋の主人へ挨拶に出向く。２０２２年７月、ここへは試走に来た。その日は雨に打たれ、とても寒かった。小屋の外で荷物を整理していると、主人が温かい甘酒を差し入れてくれた。土井はその時のお礼を小屋の主人に述べる。

２０２１年大会以降、小屋での食事や補給ができなくなったため、選手がのどかに大盛りカレーを食べる映像は撮れなくなった。一瀬カメラマンは「大会が〝不健康〟になった」と言う。たとえば下位の選手たちは時間が惜しいので、アルファ米を持ってきても、お湯を沸かさず行動中に水で戻し、キャンプ場に着いてそれを食べる。お湯で戻すのに比べ、味は落ちる。食べている姿も色気がない。カロリーも足りているのか、訝《いぶか》しい。

それ以上に、山小屋の人との触れ合いがない。一瀬が大会前、番組撮影のため事前の挨拶に伺った時も、南アルプスの小屋の主人たちが「小屋を使えないため、試走の時にも立ち寄る人が少なくなり、寂しくなりました」と語っていた。

一方、大会実行委員会副代表も務める田中カメラマンは、一瀬の考えを言下に否定する。

「いや、タイムが早まったし、なんの問題もない。そもそもＴＪＡＲは不健康なんだから」

勝負の厳しさに余計な要素は不要と考える田中。そうでなくては、この過酷な大会で完走など覚束ない、ということか。それでも土井のように、挨拶を欠かさぬ者は多い。

荒川小屋を出た土井は、山越えを開始。ところどころで座り込んで脚をさする。ペースを落とさないためにも、気を抜くわけにはいかない。

「睡眠無しで走ろうと思う。できるだけ先に進んでおきたいと思って」

いつの間にか後ろについた駒井カメラマンに語る。それにしても……。

〝この人は本当にどこにでも現れる。北アルプス剱岳、中央アルプス木曽駒ヶ岳、そして南アルプス荒川岳。わかった、コマケンは数人いるんだな、と仮説を立てる。カモフラージュのために黒の半袖短パンを着て黒のシューズを履いていているんだ。ということは、今回はコマケン3号か。荒川小屋を出て、コマケン3号と百間洞《ひやつけんぼら》山の家を経て赤石岳を目指す〟

（土井のフェイスブックより）

午後4時20分。駒井と共に赤石岳山頂に到着。標高3120メートルはTJARのコースに居並ぶ高峰の中でも、最も高い。望月の大会記録を6時間上回っている。

土井の文章でいじられる駒井だが、実際には熱心に取材を行なっている。時々、選手に対してピントの外れた質問がされることもあるが、それがよい結果を生むこともある。たとえば、自分の子どもたちに感情的になって怒ることがある、という話題を巡ってやりとりを続けているうちに、土井。

「これ、絶対、撮影いらないでしょ」

「土井さんの弱い部分も、おそらく皆さん知りたいんですよ」

笑いながら、うまい具合に説明しようとする駒井。すると土井が返す。

「じゃあ僕、こう見えて膝めっちゃ悪いんですよ。すごいレースに出てて、鉄人みたい、五体満足やろうと思われてるんですけど、膝の半月板、手術で取っていて。学生時代にバスケットボールやってた頃に、膝十字靭帯をやっちゃって、半月板もどんどん削れていって。大学を卒業してから手術して、復帰まで1年かかりました。学生時代は苦しみましたね。今も骨と骨がぶつかってる感じの状態で、満身創痍《まんしんそうい》でやってるんですけどね。いつ膝が爆発するかは、一つのすごい不安材料です」

「半月板あたると、どうなるんですか？」

「骨と骨がすれるんです。捻りやすいし、衝撃あると痛みが生じて、水が溜まります。少しでも潤滑油になるよう、レースのためにヒアルロン酸を打ちにいきました」

実際に土井は、ところどころで膝を気にする。その他、かわいい娘とのスライム作りの詳細など、話し尽くすと百間洞山の家を出て、先へ走り出す。待ち受けるのは〝南アルプスのラスボス〟こと、聖岳。あたりはすでに暗い。中盛丸山、小兎《こうさぎ》岳、兎岳の連なる区間は苦手だが、試走時に感じたことをメモしておいた。備えあれば憂いなし。聖岳からの長い登山道を下り、最後の上河内《かみこうち》岳を越える頃に日付が変わった。

土井に続く上位陣としては、木村、馬場、石尾が順位を前後しながら走っていた。

中でも石尾は、前日、市野瀬に到着後、参加選手中最長となる8時間滞在。5時間の睡眠を取って翌午前6時15分に出発。地蔵尾根を4時間半で登り切って、絶好調だった。南アルプスを1日半でクリアすることを目標に掲げ、先行する木村、馬場を猛烈な勢いで追い上げていた。

「一つでも順位を上げたいというのをモチベーションにやってます。柏木登山口では馬場さんと4時間差があったのが、1時間まで縮められているんで、今日の夜が勝負ですね」

石尾は、午後3時40分に熊の平小屋へ4位で到着。土井は12時間前に出発している。ここで馬場の姿をとらえる。

「先行きますね。馬場さん、今日は三伏ですか？」

「三伏峠」と答える馬場に、石尾は「自分はもっと行ける所までいく」と伝えて先へ進む。

石尾とデッドヒートを繰り広げる馬場は、石尾と同じ東京都庁職員。公共施設の設計や工事監督を担う。中学・高校では吹奏楽部に所属し、ホルンを吹いていた。男兄弟全員が吹奏楽部にいたという。若い時分は、仕事をしていても空回りが多く、周囲とギクシャクして先輩から怒られるなど、一生懸命やってるのに評価されないと感じ、面白くない日々を送っていた。走り始めたのは29歳。それまではすごく太っていて、運動も全然しなかった。そして２０１０年頃。ありあまったバイタリティーを向ける先にＴＪＡＲを見つけた。厳しく過酷なレースと知り、冒険心をぶつける格好の舞台だと感じた。まずは10キロマラソンに出場。完走記録は72分だった。馬場はそこからトレーニングを重ね、２０２１年大会に出場を果たした。だが、大会は中断となり、この1年間は途切れかけたモチベーションをアップさせようと必死に過ごした。そんな中、２０２２年2月に妻と子二人が新型コロナに感染、その対応に追われるなど、気がかりなことがあれこれ起こったものの、2年連続の出場へこぎ着けた。実は選考会参加者59人中50人が選考会を通過すると踏んでいた。となると、そこから先にある抽選を経ての出場権獲得率は60パーセント。抽選会で落ちれば、本戦で苦しむこともなくなるから、その方がいいかも、などと夢想したりもした。そのため、「抽選ナシ」の連絡を受けた当初は戸惑いすら感じた。そこから体を作り直し出す。７月には合計９００キロもの走り込みを行なって、万全な体に仕上げてきた。

レース中も、深夜や陽が出ていない時にはイヤホンをして、ニューサウンズインブラスの曲を聴きながら、眠気を吹き飛ばし、ここ南アルプスまで到達した。

「お腹が空いちゃって。石尾さんは行動食か！　僕はたまにはこういうラーメンでも食べないと」

カメラマンが真横にいながら、アルファ米の入っていた袋でラーメンを作って、ずずずっと美味しそうに食べる馬場は、石尾とは対照的。じっくりと体力を回復させていく作戦だ。

ちなみに馬場は２０２１年、取材参考用に写真を送ってほしいと頼んだところ、家族で風呂に入っているスナップ写真を送ってきた。とっても楽しそうな表情が印象的だった。

石尾はここで、その馬場を抜いて3位に浮上する。

「木村さんは1時間前に熊の平、出たらしいので、ちょっとまだ差があるんですけど、多分、今のペースで行ければ、三伏までに追いつけると思います」

次の照準は、前を行く木村に定めた。石尾は明言した。

「誰かと競うって、面白い」

この思いに加えて、石尾にはこのレースを目指す過程でもう一つ、見つけたことがあった。それは、様々な場所や景色、人と触れることが好きで、一定の場所に留まらずに生活したいという気持ちが高まったこと。いつかは世界中を旅し、あるいは縦走するような暮らしをしたい。ＴＪＡＲのまっただ中に身を置きながら、自分の中で何かが変わろうとしていた。

塩見岳山頂へは木村が午後6時45分に到着。5分遅れで到着した石尾が、すぐに一言。

「抜かしたい」

「どうしてですか？」

「やっぱりレースですから」

迷いなく答えた石尾は、菓子パンなどを食べ、「10分遅れたかな？」とオチをつけて、足取り軽く出発する。

木村を射程圏内にとらえた石尾。塩見岳の下りの岩場を、夜間で視界が悪いながらも本気で駆け下る。昼間に比べて道行きの予測も難しいはずだが、体は軽い。30分後、塩見小屋に到着するや否や、小屋の人に問う。

「何分くらい前に行かれました？」

「5分経ってないくらい」

「5分かあ、行けるなあ。まだまだ頑張りますよ。今日はこれまでで一番調子がいい。荒川小屋まで行く。明日の昼にはアルプスを終える」

石尾は木村を抜くことを視野に、その先にいる土井について聞かれて返事をする。

「そこはもう追いつかないと思いますけど、ＴＪＡＲに爪痕を残したいから、このまま南アルプスを進みます」

「誰かに対して誇る必要はない。自分の中で誇れれば十分」。そうインタビューにも答えていた石尾だが、自らの限界へ向けて走りをやめない。塩見小屋もすぐに出立する。

「見えました」

前方にヘッドライトの光が揺れ動いている。木村だ。石尾が追いつき、二人は手を合わせるとしばらく立ち止まり、レインジャケットを脱ぐなどしながら会話を交わす。

「いやー、来ましたね。もうガンガン行っちゃって」

「ガンガン行っちゃいます。木村さん、今日どこまで行かれます？」

「高山裏避難小屋までは行きたいと思ってたんだけどさ。元気なくなってるわ。体は元気だけど、なんか言うこと聞いてくれない。頑張って。気にせず行っちゃって！」

「申し訳ないですけど、先に」

「何も申し訳なくないよ。むしろ待ってたから、本当に」

大浜海岸での再会を約し、石尾が2位に立つ。

三伏峠へ午後9時到着。スタッフから土井の状況を聞き取る。差は12時間と知る。

「土井さん、どんな感じですか？」

「疲れてた」

「じゃあ、チャンスですね」

石尾は笑って答える。長丁場のレース、一つのトラブルで差を縮められる可能性は、ある。その瞬間、背後でパキッと音がする。途端に石尾がくるっと振り返る。背後をかなり気にしている。「午前2時から3時までには荒川小屋への到着を目指す」と言い、走り出す。

滞在は、わずか5分間ほど。その16分後、午後9時21分に木村が到着する。

「石尾君、完全に入っていたからな。ゾーンでしたね、あれは完全に」

木村は10分ほどの滞在で出発。石尾との差は約30分。ただ、木村には焦りが感じられない。とても速く進んできているはずなのに、ゆったりと構えている。


トップが南アルプスをさまよう頃、望月は市野瀬ＣＰに午前5時27分に到着する。順位は8位。野寄、貝瀬、井出らが2時間ほど前に到着していた。土井とは1日近い開きがある。目の前で選手たちが出ていくが、特に急ごうとはしない。ここまでの睡眠時間はトータル6時間。ここで休もうと、コンクリートの冷たさに涼を感じながら、目を閉じる。ところが5分と経たずに起きてしまった。寝ようとしても眠れない。

「すぐ起きましたね」

「ここじゃあ寝られなさそうです。いろいろ気になっちゃうんで」

午前6時40分、望月が南アルプスへ向かって出発。昼頃、地蔵尾根を登り切って仙丈ヶ岳から仙塩尾根へ入る。南から吹いてくる風を受けると、いつもながら温かい気持ちになる。自分のふるさとへ戻ってきたのだ、と思いを新たにする。

午後5時40分過ぎ、激しい夕立が降りしきり、雷が轟く中、三峰岳山頂で待ち受ける田中正人カメラマンの前に姿を現す。フラフラだ。

「ここまで来れると思ってなかったです。こんなんですから、自分が情けないというか」

この時点で5位。石尾から遅れること、2時間半。

田中は前述のように２００４、２００８年大会で優勝している。そしてそれ以降は選手としての参加はせず、大会実行委員や撮影スタッフといった裏方に活躍の場を移した。

「正人さんに聞きたいんですけど、２００８年でＴＪＡＲを最後にしたのはなぜですか？」

田中はまずは「もういいかなと思った」と笑いつつも、真面目に答え出す。

「5日と10時間の記録を出して、タイムに満足した。より多くの人にチャンスを作りたいという思いもあったなあ。あと、コースの辛さが手に取るようにわかっちゃうのが辛い」

「わかります！　僕も4年ぶりですけど、初《しょ》っ端《ぱな》から『こうだったよな』とか考えたり。最初に出た頃は、その辛さがわからなかったから面白かったけど、もう6回もやると辛いです」

「望月さん、南に入ってきてどう？　南に入ったら、いつもワクワクするじゃないですか？」

「気持ちいいんですけど……迷いながら進んでます。今は怖くて進めないんです。体力だけじゃなく、精神的にも」

望月が一度立ち止まって、その怖さについて語る。

「やってくるってわかってる辛さを乗り越えないといけない。もっと計画的にやれる人なら、こんなに苦しくないだろうけど、僕はそうはできないんです」

つい先ほどまでの雷雨がやみ、陽が出る。眼前の塩見岳が、大きく目に飛び込む。

「こういうの嬉しいですよね、太陽が出て、山が照らされて」

しばし、そこにいた全員が周囲の山々に目を向けながら沈黙する。田中が問いかける。

「このあと、残りの南で〝ワクワク〟見つけられそうですか？」

「きっと見つけられるんじゃないかなと思います。速く進むことじゃなくて、違うところで……」

望月の声が震え出す。田中がカメラを持って正面に回り込む。

「今までのことを思い出しちゃうんです。誰と走ったなとか、辛いこともあったなとか。……この煮え切らない自分っていうんですかね」

「煮え切らない感じなんですか？」

「そうですね。今までは前を追ったり、睡眠を削って走ったり、そういうことしてゴールしてきたんで。それすらしない自分に、何があるのかなって思います」

望月がストックを突きながら、語る。間を置いて目を軽く拭うと、声が詰まり出す。

「もうワンスパイス、何かが必要なんじゃないですか。そう思ってますよね？」

田中も涙を浮かべていた。そして立ち止まり、話しかける。カメラマンではなく、この大変なレースで完走、優勝を果たした同志として。

「他人……じゃないんじゃないかな。望月君もわかってると思うけど」

「自分ですね」

「こんな思いしてトランスやってる人、いないと思いますよ。無補給やったあと、その後の望月君のチャレンジの根拠ってなんだろうって、ずっと考えちゃったもん」

「やっぱり自分自身で決着をつけたい。勝ち逃げじゃないですけど、逃げるよりはどこまでやれるのかってことです」

「なぜ望月君はまた……と思っていたんですが、完全に腑に落ちました」

「正人さんだから話せたし、わかってもらえると思います。２０１０年、初めてＴＪＡＲに出た時に、嬉しくて正人さんとゴールで写真撮ってもらって。それを、簡単に負けたら……」

　望月が涙で言葉を詰まらせ、話を続けられなくなる。

「ＴＪＡＲって、スタート地点に立った時点で勝者みたいなことを言うじゃない。その辺からして、望月君は半端ないよ。だって、下馬評で強い土井君が出てきても逃げないでさ。ヘルメットに『I'm back』って書いてある。挑戦したじゃん。すごいよ、本当に」

「トランスジャパンの優勝者は逃げられないっすよ。いつも謙虚で強い気持ちを持ってなきゃいけない」

「記録出して勝ち逃げするんじゃなくて、葛藤を抱えて戻ってきた。本当に、格好悪くていいから思い切りやってほしい。それは、絶対に伝わるから」

「そうですね。最後、頑張って大浜まで行きます」

「応援してます。でも望月君、ヘルメットのその『I'm back』の文字、もっと太い字で書かないとダメだよ〜」

「そうでしたね。ありがとうございます」

望月が高まった気持ちをぐっと呑み込み、田中の励ましを胸に、再び進み出す。

この日、ロードでは北條らが中位以降の選手を追いかけていた。レースは中盤を迎えていたが北條は未だ、番組の核を見つけられた気がしなかった。その北條にとってこの日、一つの大切な出会いがあった。

ナンバー27・駿谷《するたに》明宏《あきひろ》（54歳）。東京都在住。特許事務所に勤める会社員だ。２０１４年にＴＪＡＲを知る。大会報告書を買って毎晩読み込み、想像を逞しくしたが、２０１６年の選考会は落選。２０１８年には参加条件を揃えたにもかかわらず、気づいたらエントリー期限を過ぎていた。仕事が忙しくはあったが、ＴＪＡＲに出たい気持ちが希薄だったのかもしれない、と悔いた。そして２０２２年、ようやく出場を果たした。

その駿谷は4日目の午前8時過ぎ、中央アルプスを下って、スポーツショップの提供するスペースで休憩を取っていた。座り込んで靴を脱ぎ、裸足になって指を広げてリラックス。ＧＰＳを頼りに駿谷を見つけた北條は、まず駿谷の眼差しが発する、穏やかな雰囲気に親しみを感じた。若い選手だと「チャレンジしよう」「自分の力を試そう」という思いが前面に出るが、40〜50代になるといろいろと人生のひだが体全体からにじみ出てくる。

事前に全選手へ依頼したアンケートを通して、駿谷についてはある程度の情報を得ていたが、会話はきちんと交わしていなかった。そこで北條から話しかける。

「奥さんは？」

「仕事です。どうなんですか？　皆さん、来るもんなんですか？」

のっけから話しやすい。会話のキャッチボールが成立するだけで、取材者はホッとする。

「ご家族は？」

「二人だけです」

「ご両親は？」

「母親はついこの間他界して、父親はだいぶ前にがんで亡くなりました」

警戒心を見せずに取材に応じてくれるのを見て、北條はすぐプライベートな内容に切り込む。2年前に初期の大腸がんを切除していた駿谷。きっかけは健康診断。便潜血が見つかり、検査すると9つの大腸ポリープがあり、そのうち一つが悪性と判明した。がんは切除され、少しホッとしたが、今後再発しないとも限らない。これを機に、〝人生の終わり〟を意識してきた。

「でも母親には、僕ががんに罹《かか》ったことは伝えなかったんです。程度が軽かったのもあるし、心配させたくないから」

「お母さまはその時は闘病中？」

「いや、僕のがんが発覚したあとに難病に罹って。だんだん神経が萎縮して体が動かなくなる病気。それで車椅子になって。先月、香川の施設に入っていたんですけど、昼休みにみんなで歌っていたら午後に急に調子が悪くなって、そのまま亡くなった。死ぬ直前まで歌ってたんだから、それは幸せだったって言えるかな」

「最期は間に合わなかった？」

「ええ。コロナで見舞いにも行けず」

「お母さまには、これに出ることは？」

「いや、ははは。メチャクチャ心配するじゃないですか。一切言ってないですよ」

北條は駿谷の語り口に、感じ入った。母親の難病のことを、50過ぎの男性ながら臆することなく話す、その佇まいが胸に響いた。そして北條は、自分のことをしゃべり出していた。

「僕は今、仕事が人生のすべてです。もし重病になったら、僕の人生は難しくなります」

「どうするんですか。仕事をするんですか。もし重病が見つかって、余命1年になったら？」

北條は駿谷からの質問にうまく答えられない。苦しまぎれに逆質問で返す。

「人生の……残り時間は……考えてはこなかったんでしょうか？」

「真剣には……。なんとなく平均寿命までは生きられると思うじゃないですか。漠然とあと20～30年くらいは、と思ってました。今、私は重篤ではないんですけど。……でも、夜中、なんでこんなことやってるんだろうって。今日の午前1時、2時くらいですかね。中央アルプスのガスの中を進んでいる時に、『これ、なんの意味があるんだ』と思いました」

駿谷は、事前のアンケートにこう記していた。

〝正直なところ、自分にとってＴＪＡＲにどのような意義があるのか、今もよくわかっていません。なぜＴＪＡＲを目指すのか、いろいろと自分なりの理由づけはできるのですが、どれも後付けの理由のような気がしてなりません。とにかく、挑戦してみたい、という思いがあるだけです。今回、完走したときに、その挑戦の意味がわかるかも知れません。今年のＴＪＡＲの8日間において自分が何を見つけることができるのか、期待しています〟

北條はこの回答にも関連付けて、駿谷に問いかけた。

「その意味は、見つかりましたか？」

駿谷は丁寧に答える。

「人生の中で、自分が出し切ったという証を作りたいと思います。自己満足といえば自己満足ですよね。『なんの意味があるのか』と言われると、自己満足しかない。そこが意味として弱い。弱いというか、見つけられていない気がします。ずっと考えているんです」

「『重病になったらあなたは仕事ばかりするんですか』と私も問われ、答えられませんでした」と北條。

「仕事でもいいと思うんですよ、それがやりたいことなら」駿谷が応じる。

走り始めてどんどん考えるようになり、今、変わってる最中だという駿谷の姿勢に北條は共感する。

駿谷の話は次第に個人的な話に移っていく。北條が再び、問いを発する。

「もし子どもがいるなら、人生のターニングポイントに子どもに託す、ということもありませんか？　僕も子どもがいないので、『あれっ、自分の生きた証って何が残るんだ』って思うんです」

「それはありますよね。僕はゆくゆくは欲しいと思っていたんですけど、なんとなく日々の流れの中でそのタイミングを逃しちゃった感じです。で、子どもがいないのでわからないところもあるんですけど、子を残すとは『世に何かを残す』ということですね。僕はその点では何も残していないです。でも僕は最初にＴＪＡＲのテレビ放送を見て、憧れて、なんとなく手が届く範囲になってきて、今、チャレンジをしてるんです。それは過去の出場者たちが僕に影響を与えたのかもしれないですね。だから同じように、僕が知らない誰かに、僕たちのチャレンジしている姿を示して、何か感じてくれれば、何かを残したことになるんでしょうね。僕はＴＪＡＲに影響を受けてＴＪＡＲに挑んだんですけど、ＴＪＡＲに影響を受けて、自分のフィールドでチャレンジする人もおそらくいる。チャレンジの連鎖がＴＪＡＲの持つもう一つの夢の形、というんですかね。そんな気がします」

駿谷が、ぼそっとした口調ながら芯のある語りを続ける。

そうこう話を続け、ゆるやかな坂を上り出した頃、沿道の先に一人の青年がこちらを向いて立っていた。とても和やかな表情を浮かべている。北條が問う。

「友だちですか？」

「いや、違います」

そのまま進み、目の前にやってきた駿谷に、青年が話しかける。

「駿谷さん。頑張ってください。すごいですよね、54歳で、すごいっす」

「おいくつですか？」

「僕、31でちょっとトレランやってるくらいで、これからです」

北條が一つだけ問う。

「選手たちを見て、いつかやりたいと思っていますか？」

「やりたいけど、過酷すぎて想像できない。たまたま家が近かったので、見に来てます」

聞けばGPSで見て、ゼッケンで調べて応援にきたということだった。駿谷は公式ホームページに記していた。

〝するさん！　と声をかけていただければ嬉しいです。応援よろしくお願いします〟

青年が離れてから、駿谷に問う。

「残すって、こういうことなんですね？」

「そうですね」

駿谷は、今しがたの出会いを思い返してか、少し微笑んだ。一方、北條は、駿谷の言ったことが早速現実になったのを目の前で見て、本当に不思議なことがあるものだと感じた。そしてTJARとは予期せぬ出会いに満ちた〝旅〟そのものではないか、と思い至る。

「これはレースではなく〝旅〟だと。この8日間の旅の中で変化するもの、何が変わるのかを撮るのだと、駿谷さんに教えられました。望月さんもすごく変わってきたので、一日一日の変化を丁寧に撮ろうと思い直しました。ベテランの選手は、自分の考えが変わっても臆せず隠さず、『俺ちょっと、さっきと考えが変わったんだけど』といったことをしばしば言ってくれますから」

駿谷もまた、北條と話をしているうちに、自らのチャレンジに積極的な意味を見出し始めていた。

レースを走りながらの気づきを、形に変えていきたい。

「自分の能力や体力を、ある程度まで１日で使い切る。それを何日か繰り返して、最後、フィニッシュできるかどうか、その挑戦になります」

北條に手応えのある話を聞かせてくれた駿谷はこの後、市野瀬ＣＰを出る段で、駒ヶ根で使用したクレジットカードが見当たらないことに気づく。柏木登山口まで進みながら、事務センターに電話してカードの利用停止・再発行の連絡をする羽目に陥った。だが手続きを終えると気分はスッキリし、いざ仙丈ヶ岳を目指す。旅には、何かとトラブルがある。


４日目、市野瀬ＣＰには多数の選手が到着し、つかの間の休息を取った。

その一人、都内のデザイン会社に勤務する林田裕介。人生をもっと面白いものにしたい、と刺激を求めて参加した。

「会社員になって結婚して、子どもができて、２階建てくらいの家を作り、学費に悩みながら、子どもを育てて年をとっていく。平々凡々な人生じゃないかって、ちょっと絶望感を持ったこともある。でも、41にもなって親が心配するようなことをまだやってるっていうのは、ワクワクですよね。やっぱ何歳になっても、そんな想いは大事なんだなって」

呑み会、喫煙、バイク、アルバイト……いかにも学生らしいことに時間を費やし、その後もさほど大きな目標もなく日々を送っていた林田。運動も、得意な方ではなかった。

２０１４年、よく見ていたテレビ番組『グレートトラバース』の田中陽希氏がＴＪＡＲ完走者と知り、興味を持つ。登山経験はあったが、マラソン経験はなし。まず、家の周囲をぐるぐる走り出すところから開始。努力の結果、フルマラソンの記録は2時間47分に。２０２１年に初出場。今回は完走を目指して2回目の出場となる。

熊本で広告営業に携わっていた林田は、糸井重里《いといしげさと》氏のようなコピーライターやＣＭプランナーになりたいと、様々な講座を受けるなど準備を重ねて上京してきた。現在は、映画や海外ドラマなど、当初思い描いていたものとは違うがエンタテインメント系のコピーライティングや、広告、パッケージ制作に携わっている。

林田は持ち前の文章力を生かし、レース中にツイッターで情報発信を行なっていた。

「北終わってホッとしたけど疲れた…土井さんには1アルプス差をつけられそうだし」

「悲報　歩いていたら後ろからやってきた車に『もちづきさんですかぁ？　あごめんなさい』ビューン＝３　される　そりゃそうだけどさぁ」

「下界なのに動物の臭いがする…ワイやないかい」

過酷なレースの合間にツイートを行なえるのも、余力がある証か。大会2週間前に新型コロナに罹り、体調を崩したが持ち直した。

「コロナには絶対負けない、絶対誓って完走してやるっていう気持ちです。去年の中止が心に大きく残っているので、もう何があろうと中止以外だったらなんでも全部、乗り越えてやろうと思って出場します」

２０２１年の夏、日本海でスタートさせたＴＪＡＲ。あの中止で終わらせることはとても考えられない。悔いなき完走を果たし、次のステージに進みたい。

アルプス最後の畑薙大吊橋を渡った時、あと85キロしかないと思うのか、もしくはまだ85キロもあると思うのか、どういう心境になるかを楽しみにしている。


続いて、昼過ぎに到着したのは牧野高大。ここに着く前に鼻血を出していた。さらには昨夜から、精神的にかなりキツさを感じる局面をかい潜ってきた。中央アルプスでは視野が限られ、代わり映えのしない景色の中を延々とループしているような心持ちになった。心身の疲れが積み重なったが、気力を頼りにここまでやってきた。

実家は静岡市。畑薙から大浜海岸に至るロード上にある玉機橋《たまはたばし》の南側にある。小学生の頃から周囲の野山を駆けまわり、祖母とは茶葉を摘《つ》みによく山に入った。

牧野は一級建築士の資格を持つ会社員。鉄道関係の建築物の点検、維持管理と修繕・改良工事の設計、および工事監理が仕事だ。立派な仕事をしていてなんの不満もなさそうだ、と外からは見える。だが、本人の思いはそうではないという。

中学、高校とバスケ部に入るも、レギュラーにはなれなかった。文句ばかり言い、行動が伴っていなかった。名古屋の大学に入学したが、そこから大学院に進学する際にはレベルの高い目標を口にするだけで、ろくに勉強しなかった。結局、同じ大学の院に進む。逃げてばかりで格好悪く、いろんなことをやり切ってこなかった、と感じていた。ただ、走ることだけは継続できた。何かに真剣に取り組み、やり抜きたいと常々考えていた。

２０１４年、いつもランニングで通る安倍街道で、ザックを背負い、オレンジのヘルメットを被った、並々ならぬ気魄《きはく》に満ちた者たちを何度か見かけた。黙々と走り続けるその者たちの姿が、とても印象深かった。

「オーラ、熱意がほとばしっていて、気楽に声をかけられなかったです」

２０１６年、ＴＪＡＲを知って合点がいく。テント泊もしたことがない牧野だったが、やがて何がなんでも挑戦したいと思うに至る。今まで目指してきた目標の中で、群を抜いてハードルの高い目標だった。

平日は７キロの荷物を背負っての帰宅ラン。土日も荷物を背負ってトレランレースに参加するなどして、足腰を鍛えた。ついには数々の大会で上位入賞を果たすまでになる。

２０２１年の選考会では、読図で落選。同年の大会を番組で見て、ますます選手たちの姿に憧れた。そしてついに、本大会出場にこぎ着けた。

その牧野が、段ボールを開けようとしてスタッフに取り囲まれる。インスタライブだった。牧野は「よくぞ囲んでくれた」とばかりに胸を張って開封する。荷物の一番上には、漫画『ＮＡＲＵＴＯ』の46巻と47巻をしのばせていた。とにかく、漫画が好きで仕方がない。

「『ＮＡＲＵＴＯ』の47巻の最後まで読むと、『あ、俺、絶対頑張ろう』と思えるんで。『よし！大浜行こうかな』って」

瀬川ディレクターがお気に入りのページを教えてほしいと告げると、巻末のページを開き、セリフを声に出しながら話した。

「『俺が諦めるのを諦めろ』。あーやばい、やばいっすね。絶対、大浜行ってやろう」

近くにいた保田にも読むように勧めたが、かわされた。1時間半ほど寝て、アルファ米に熱い湯を入れて15分待つ間に、また『ＮＡＲＵＴＯ』を読み出す。自分も『ＮＡＲＵＴＯ』の登場人物のように諦めないと誓い、中華丼を頬張る。翌日、高山裏避難小屋のキャンプ場にいた登山者に「『ＮＡＲＵＴＯ』読んでた牧野さん？」と声をかけられることになる。インスタグラムは、おそろしい。

市野瀬には、スタートの魚津からずっと応援で追ってきた母と姉が来ていた。母が言う。

「選考会に出ると聞いた時はびっくりしちゃって、『ええっ？』て。『無理、無理』と言っていた。そういう中で、まさか高大が本大会に進むなんて、ふふふ」

姉は大会前にシュラフをカスタマイズする手伝いを、母は手作りで看板を作ってくれた。牧野はこのＣＰに来る前、天竜川にかかる天竜大橋で涙目でインタビューに答えていた。

「チーム牧野家として挑戦している。走るのは自分だけど、家族みんなが支えてくれるので、ゴールに行くしかないっす。家族にはこんな恥ずかしいこと、言ってないですけど」

牧野はかなりの泣き虫で、あちこちで涙を流していた。

「目が腫れてても、寝不足ってことにしてもらっていいですか」

母と姉の応援を背に、牧野は力を得て一路、南アルプスを目指す。

そして少し遅れてやってきたのは佐藤崇樹。通信系企業の営業職。別のレースで面識のあった貝瀬が２０２１年に出場したことに触発されて、具体的に準備を始め、今回、初出場を果たす。スタート前は目標を〝６日切り〟に定めたが、そう簡単には事は運ばなかった。夜間に通過した中央アルプスでは、霧で道迷いしそうになり、一睡もできなかった。一人で愚痴をこぼしながら空木岳へ登頂。そこからは喉の渇きを癒やしたい一心で、尾根を一気に駆け下ったが、そこでエネルギーを使い果たした。

朝、駒ヶ根高原で睡眠を取ってからロードを進むべきだったが判断をミスし、そのまま灼熱のロードへと突入する。その結果フラフラとなり、本人の言を借りると〝ゾンビ化〟した。しまいには、道路がグニャグニャと曲がり出した。アルティメット・フリスビーで日本代表になった経験を持つ佐藤だが、団体競技であるフリスビーと比べて、ＴＪＡＲはなんでも一人でこなさないといけない。その大変さが魅力であり、やりがいだと考えてはいたのだが……。

「もう１５０回くらいやめたいと思ってます。この大会に、ごまかしの余地はないです」

取材陣にとても丁寧に応対する佐藤だったが、あまりの疲労で頭が回らなくなっていた。しきりに、「今、かなり頭が悪いです」と言いながらも、あれこれしっかり説明しようとする。ボロボロの体を引きずって市野瀬までやってきた。

佐藤にとって、すべてが想像以上だった。大会実行委員会のメンバーたちの想いの深さにも感じ入った。「４１５キロを好きに走ってこいよ」と無休で自分たちの活躍の場を調《ととの》えてレースを成立させていることへ、本当に敬意を抱いた。

大学時代からの友人は、会場に「ＧＯＧＯ Ｓｏｋｉ」と手書きで書かれた段ボール製の看板を持ってやってきた。そんな看板を作ってもらうのは初めてのことだった。いつもなら、〝やってるよ〟と、冷ややかに見てしまうかもしれない。それが、自分が励まされる立場となると素直に嬉しい。さらにマップケースに貼り付けた、ランニング仲間お手製の「ＴＪＡＲ完走祈願」のステッカーにもずいぶんと力をもらった。なんとしてでも、大浜まで駆け抜けたい。

　そしてこの日、市野瀬ＣＰの手前、中央アルプスにはレース完走に特別な思いを抱きながらも、苦しみのただ中にいる選手がいた。番組上のキーマンとして追っていた坪井だ。

　午前1時、宝剣山荘でチェックを受けた坪井は霧による視界不良、水の残量への懸念、さらに肩の痛みが募っていたこともあり、大事をとって小屋の外でヴィヴィ（緊急用の簡易シュラフ）にくるまって午前5時まで休みを取る。長ズボンと長袖を着込み、寒さの心配はなかった。明るくなってから水を買い求め、千畳敷カール方面を目指す。

「体調がよくないですね。ペースがますます上がらない。食事、失敗したかも」

　強い風雨が吹きつける中、時折膝に手を突きつつ、前進を試みるが体が動かない。荷物の軽量化を図るために食料も減らしていた。それが徒《あだ》となり、疲労回復に必要なエネルギーが足りていなかった。極楽平から再び稜線上に出て、檜尾岳を越し、空木岳へ至るガレ場を進んでいた時のこと。

　覚束ない足取りの坪井が突然、前方に頭から倒れ込む。浮き石を踏んだ。スタミナ不足で、もう一歩を踏み出せなかった。突然のことでバランスを崩し、受け身を取れなかった。

「危なかった。するっといっちゃいましたね。ちょっと、ひやっとしました」

寝転がったままで返事をするが、息切れが止まらない。ようやく起き上がると、しばらく岩にもたれかかり、左肩を手で押さえる。頭に巻いたバンダナを取ると、出血していた。

気を取り直して進み出すが、両腕のストックに力をかけられない。空木岳山頂直下で再び転倒する。

「もう、嫌」

満身創痍だ。昼12時、中央アルプス最後のピーク、空木岳へ登頂を果たす。登山客数人から励ましの声をもらうが、疲労が溜まり、返事をする余裕がない。

「いや、きつかった。ずっときつかった。ちょっと下ってリセットして、回復を図るということですね、はい」

　ここでも自らを奮い立たせるように、語調を強めて答えた坪井は空《うつ》木《ぎ》駒《こま》峰《ほう》ヒュッテへゆっくりと下り、食事を取りながら尾根線を眺めて心を落ち着かせた。そのあと大地獄・小地獄の鎖場を細心の注意を払いながら通過。少しホッとする。

だが、その後のことだった。細く脆い登山道でバランスを崩し、斜面をガラガラガラッと5メートルほど滑落した。坪井自身が危険を感じ、足をゆっくり岩に置いた途端だった。草木を咄嗟につかんで、やっと止まったが、その時の衝撃で背中にくくりつけていたヘルメットが壊れ、中のパーツが落下した。坪井は斜面を登り返してザックを置き、慎重を期して下って、ヘルメットの破損したパーツを回収する。

　坪井はレースを続行すべきか考え出した。必携品のヘルメットは、スポーツショップで代替品を購入できる。落下した斜面も、岩盤ではなく柔らかい枯れ草で覆われていた。翻って、今のような体調のまま南アルプスに入ると、どうなるか。ここはまだ下界に近いが、山深い仙丈ヶ岳や塩見岳で滑落したら、アウト。それ以外も、どれもこれも厳しい山。ごまかしながらレースを続けてまたバランスを崩し、受け身が取れずにガラガラと落下すれば、それこそ事故。最も避けるべきことだ。

中央アルプスを下山後、しばらくは走ろうと試みたが、ロードでも転倒を繰り返した。17時53分、リタイアを宣言する。のちに、左右の鎖骨が骨折していたと知る。

その一報はすぐ撮影本部に入った。20キロ圏内にいたのは杉目ディレクターのみ。食事のため、宿に戻ろうとした時、「現場急行。坪井を直撃せよ」の指示が下された。もっとも、坪井の詳しい居場所はわからず、探すことから始めないといけない。ＧＰＳでは温泉施設にいると表示されたので向かった。たまたま居合わせた大会実行委員会メンバーに男性用湯船の中まで覗きにいってもらったが、いない。その後、スタッフが宿泊する宿で坪井の姿を見かけた、との情報が入り、駆けつける。

「自分が思っている以上に、相手が何かを言うのを待て」

ロケ開始前に会社の上司である深堀プロデューサーから杉目に、口を酸っぱくしてロケの作法が伝えられていた。まだ取材現場での経験が浅い杉目。うまくインタビューできるのか、責任重大で恐怖を感じながら、部屋を訪ねた。

ベッド上に置かれていたヘルメットは、頭頂部に15センチ四方の穴が空いていた。衝撃の大きさを物語る。坪井の沈黙に、杉目はいたたまれない。やがて坪井が、ヘルメットを片手に話し出す。

「すみません、不甲斐ないことになって。昨日も中央を上がる時には気分が乗って、今日は頑張ろうと思いました。でも上にあがると、ものすごい霧でキツさとの戦いでした。その最後の最後で肩を……ヘルメットをやって、打つ手なしです。関門にギリギリ間に合わなかったとか、本当に最後の最後まで戦い抜いたならともかく、一人でこけて、ぶっ壊して、いかんともしがたいというのは……。10年間をかけて、『今度こそ』っていう思いでやってきたので残念ではあるけど、自分で消化します」

坪井はしばし沈黙すると、目を固くつむる。さらにカメラから目を逸らし天井を見上げ、また訥々《とつとつ》と語り出す。

「このレースで事故を起こすのは、絶対やっちゃダメ……やっちゃダメ……やっちゃダメ。……そこはぶれなかった。……それはわかってるんだけど……悔しいな、やっぱり。結果は残せなかったし、妻には『ゴール見せるよ』って約束しただけに残念です。でも、レースをずっと目指して得た経験や、人との縁、学ぶことは多かった。宝物がうんといっぱいあるし、ここまでで終わったけど、誇りを持っていいのかなと。……特に妻に、『こんなによかったんだ』と自分の言葉で伝えられたら。……どんなにＴＪＡＲを目指したことがよかったか、伝えたい」

坪井の目から涙があふれる。杉目はもらい泣きした。

インタビュー終了後、坪井に声をかけた。

「励まされた人も大勢いましたよ」

坪井は黙って、じっと耳を傾けていた。取材を終えての帰り道、杉目は軽々しいことを言ってしまったのではないかと頭の中で考え続けた。坪井の話がしっかり撮れたことが救いだった。

レースは折り返し。不穏な情報が飛び込んできた。台風襲来の兆しだ。

「10日午前9時、小笠原諸島の西の海上で熱帯低気圧が発生しました。今後、台風に発達し、早くも今週末に関東を直撃する恐れがあります。今後の情報に十分ご注意ください」

実行委員会代表の飯島が、大会運営スタッフに一斉周知する。

「現時点では詳細な情報はありません。ある程度つかめ次第、選手への定期連絡（定時外もあり）とスタッフスイーパーへ流します。最接近予想まで3日ありますので慌てる事はありません」

この後、飯島は気象予報士への電話情報取材を行ない、大会の荒天基準に抵触しないことを確認する。とはいえ、現場の選手たちは各自、厳しい判断を迫られることとなる。

夜、三峰岳を越えた大畑は、黒く美しい稜線上に他の選手の姿を認める。誰かはわからないが、ヘッドライトで合図を送ると、やはり合図が返ってきた。誰だったろうか。

5日目

「選手の中で、一番不安になってる自信はありますね」

8月11日

August 11

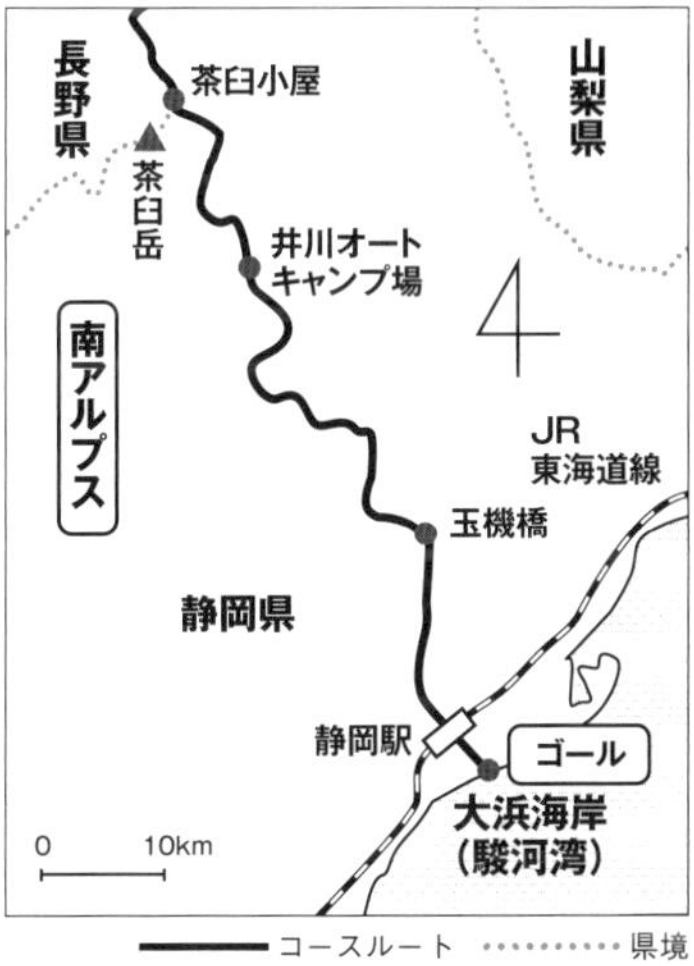

午前0時過ぎ、塩見岳山頂を目指すカメラマンの濱野と歩荷の岩崎は、焦っていた。

4日目の午前8時前に土井を塩見岳山頂から送り出してからは、木村、石尾、馬場らがやってくるたびに頂上直下の塩見小屋から山頂に出動して取材後に帰還、という任務を続けてきた。選手たちがまとまって来る時には山頂で待ち受けることもあるが、後続の選手と隔たりがあるとなると山頂で待機している時に体温が低下してしまうため、下山して休む方がベターだ。結果として、小屋と山頂のピストンを繰り返す羽目になった。距離にして片道1・1キロ、標高差約300メートル、コースタイムは80分。天気は悪く、岩場続きの道のりを往復するのは、かなり気疲れする。その疲れが溜まっていたせいだろうか、望月と貝瀬が5日目の未明に山頂に到達するという予想時刻を確認して寝たはずだったが、二人揃って塩見小屋の予定出発時刻になっても起床できなかった。岩崎は寝入る直前、スマホのアラームをセットしようと画面を触っているうちに寝入っていた。最初に濱野が気づく。

「寝過ごした！」

ＧＰＳで望月、貝瀬の位置を確認したところ、塩見岳直近まで迫っていた。

とにかく逃したらダメだ、ということで慌てて濱野が支度を始める。深夜に使えるはずもないのに、ザックにドローンを入れようとして、ハッと気づいて放り出す。

「先に行きますよ！」

間に合わなかったら舌を噛み切る、それくらいの覚悟で濱野が小屋を飛び出す。途中にはＴＪＡＲのコース中で最難所の鎖場もある。岩崎も濱野に遅れて飛び出す。

「あーあ、あいつら間に合わないな」

選手を追走してきて、小屋で仮眠を取っていた一瀬カメラマンは、二人の出立の様子を寝ぼけ眼《まなこ》で布団の中から見ていたが、しばらくうつらうつらした後に、ふとスタッフ用ＧＰＳを見ると二人の位置を指し示すアイコンが山頂にある。間に合ったのか。計算すると、コースタイムの40パーセント、30分あまりで上がっている。前日、土井を追いかけて疲れ切っているはずなのにと、濱野たちの意地に驚かされる。

岩崎は２０２１年大会に歩荷として参加した際、カメラマンから「事が起きた時の反応が遅い」

と指摘されていた。今回はその対策として、容量の大きいザックを手配。さらにカスタマイズして三脚を取りつけられるようにアレンジし、実戦投入した。その自慢のザックに周辺機材を入れ込んで追いつき、事なきを得た。

「おかげで、今回は怒られなくてすみました」

と、そんな濱野と岩崎の苦労はさておき、望月と貝瀬は親子のように揃って山頂へ到達する。貝瀬は前日（4日目）の午前8時10分、野寄と共に市野瀬ＣＰを出発して、先行する井出をつかまえ、熊の平小屋まで行動を共にする。睡眠を取るという二人を残して三伏峠を目指す。先へ進んでいたところを後続の望月に追いつかれ、同行。北荒川岳で視界が開け、満月に照らされた塩見岳を眼前にした貝瀬は、これほどの贅沢があろうかと感じ入った。いよいよ塩見岳登頂を始めた時に、5日目になったことを知る。

さて、濱野と岩崎が塩見岳西峰に登頂した瞬間、１００メートルほど離れた東峰からひょこっと望月と貝瀬の二人が飛び出してきた。実によきタイミングだった。

「眠いな〜」

望月は貝瀬とグータッチすると、間もなく塩見岳を下り出す。眠いと言いながら、ここでもゴミ拾い。一方、貝瀬はカメラマンに追われるうちに、焦ってストックを1本折った。

岩崎は望月に先行して下り、カメラに映り込まないようにヘッドライトを消し、黒いウェアを着て岩の陰にうずくまっていたが、「岩崎さん！」と望月に声をかけられる。午前2時で真っ暗なはず。なぜわかるのか不思議だったが、岩崎は岩陰から出て相対する。

「行ってくるよ」

　望月は短く言うと駆け出した。


　午前4時30分。南アルプスでは見事な朝焼けが選手たちの行く手を照らし始めた。

「これはすごい。カッコいい」

　塩見小屋、三伏峠を越えて稜線を歩く望月の眼前に、雲海に浮かぶ富士山が見える。赤とも紫ともつかぬ、神々しい色合いに照らし出されている。さながら雲上の浄土とも言うべきか。

「山はやっぱりこれですよ。こういうところを見られる。何もかも吹き飛ばしてくれる。出て、よかったですね」

　自然が見せる一瞬の相貌が、悩み続けてきた望月の心を癒やす。刻々と色合いを変える富士山を右手に眺めながら、望月が歩き出す様子をレンズに収めて、一瀬はロケを終える。

「『あー楽しかった』という気持ちでゴールしてくれたら嬉しいな、と感じました。登山を始めたのは、元は裏山を回って楽しかったからのはず。一周回って、山が楽しかったと思って海に帰ってくれたら、それこそ本当に〝I'm back〟と言えるんじゃないかな」


　そんな雄大な朝陽を浴びることもなく、たった一人で進んでいたのがトップ土井だった。この日、南アルプス山中で最後のＣＰ・茶臼小屋へ午前0時45分に到着し、そのまま畑薙へと下り始めていた。土井の所在を示すＧＰＳのアイコンは、しばらく止まっている。畑薙で待ち構える北條班は、茶臼小屋から「小屋から下ったところで仮眠を取る予定」と情報を得ていた。一方、情報に反して、土井が一気に下ってくる可能性もあった。しかし、この一帯はスマホの電波の通りが悪く、ＧＰＳの表示だけを頼りにするのもリスクがあった。そこで、土井が早い時間に下山してきた場合に備え、〝斥候《せっこう》〟を一人、山を少し入った場所に送り、トランシーバーで連絡を取り合うことにした。白羽の矢が立ったのは車両チーフの上田。北條や筈井らはマルチアングルで土井をとらえるため、手が塞がっていた。最初に頼まれた時は面食らった上田。山登りに一切興味がない。だが、通常の番組とは違う面白さがあるから、と承諾した。畑薙大吊橋を渡り、クマ出没注意の看板を横目に20分登る。

深夜の闇の中、先行きをヘッドライトで幾度も照らし出す。

「ここ、コースじゃないでしょ……」

あっという間に狭まる足下の道行きに、声が出そうになる。深閑とした中、虫の鳴き声だけが響き渡る。足踏み外したら死ぬじゃないか、ヤバい、と焦りが出始める。前日の昼には、一度下見にきてはいた。だが、改めて下を見て、こりゃ注意しないと落ちるかもしれない、と心を引き締める。プロレスラーのような体格の上田が、「こんなところを夜間進む選手たちは、全員どうかしてるぞ」と内心うなる。そしてヒヤヒヤしているうちに、どういうわけか愉快になる。内心、おもしれえとニヤつきながら、時に重心を失いそうになり、その辺の木の根っこをつかむ。すると、見たこともない虫や蜘蛛がわんさか出てきて、体にまとわりつきそうになり、慌てて手で叩《はた》く。ロケ車内に常備している〝電撃殺虫ラケット〟を念のためにと持ってきたが、ここではなんの役にも立たない。1時間ほど山中に身を潜めてじっとしながら、上田は選手たちのすごさを改めて思い知った。

土井は、茶臼小屋からある程度高度を下げたところで仮眠を取っていた。標高は少しでも低い方が酸素濃度も高く、体力の回復も早い。2時間の仮眠から目を覚ますと、素早くパッキングして走り出す。レースが終わりに近づきつつあるせいか安堵しつつも、寂しさを感じたが、ここで鼻血に見舞われる。なかなか止まらない。

鼻血そのものは、それほど気にすることはない。だが、レースの〝主役〟としては気になるところがあった。畑薙大吊橋が近づいていた。

〝望月選手、垣内選手がトップで畑薙大橋を渡っている画を撮られている。確実に居るな…。ここで、大きな大きな目標ができる。畑薙までに鼻血を止めること。大きなミッションだが、これまで多くの困難を乗り越えてきた自分には出来るはずだ。危険な剱岳も、暴風の空木岳も、眠気に打ち勝ち三峰岳も越えてきた、鼻血も乗り越えれるはずだ。ティッシュを交換しては垂れ、ティッシュを交換しては垂れる。諦めそうになったその時、鼻血が止まった。今まで大きな困難を乗り越えたことで、全くどうでもいい困難を乗り越えることができた〟

（土井のフェイスブックより）

やがて土井が駆け下りてきた。上田は挨拶を交わし、土井はあっという間に見えなくなった。土井の到着を無線で告げる。「鼻にティッシュを突っ込んでました」という報告はなかった。上田は、再び恐怖心でいっぱいになりながら吊り橋へ戻った。下で待っていたクルーに確認したところ、土井は自分が連絡した2分後に姿を現したという。

上田は定位置である車の運転席に戻り、目を閉じる。つかの間の小冒険が終わった。

「足踏み外したら死ぬ、あんな場所をすたすた行く精神力、やばいっしょ」

北條、筈井らは吊り橋の袂《たもと》で待っていた。まずは空中で待機していたドローンが、じわじわと上空から接近する。土井は小走りで橋の上をとんとん進んでいく。全長は１８１メートル。地上からの高さは30メートル以上ある。スタートから３３０キロ。所要4日と5時間20分。望月の大会記録を4時間上回るペースだ。睡眠時間はここまで合計約5時間。眠気は、ミスターチルドレンの曲を歌うなどしてごまかしきった。幻覚は少しだけ見た。石に漢字が書いてあった。だが、さほど楽しめたというほどでもなし。

土井は振り返る。

〝元気で爽やかな笑顔でカメラマンに近寄る。その胸のうちは、「やっぱりな、君たちの行動は全てまるっとお見通しだ。おれの勝ちだね。鼻血なんてものは、いざとなったらいつでも止めれるんやで。へへっ。」という謎の優越感。ＮＨＫの放送でどう映っているんだろうか〟

（土井のフェイスブックより）


　実際の映像を見返すと、どうか。土井は撮影側が何か聞いてくる、と構えていたようだ。しかし、北條らは逆に土井の一言を待っていた。土井としてはなんの動きも見せない仏頂面の北條の顔に、やや失望したかもしれない。痺れを切らしたのは土井。

「元気でしょ!?　もっとボロボロになってくると想像してたと思うんですけど、元気ですよね」

　咳払いを一つして、またジョグを開始する。あと19時間以内に走りきれば、記録更新だ。

　午前6時30分、畑薙第一ダムを通過。

「静岡駅まで81キロ」

　ＴＪＡＲ選手にとってはおなじみの看板もある。抜かりない土井は、このロード区間についても試走を済ませていた。アップダウン、自動販売機の位置、小売店、トイレ……必要な情報は地図に落とし込み、体に刻み込んだ。走りは軽快そのもの。ここまで一度もＧＰＳを見なかった。ＣＰの井川オートキャンプ場が、あと５００メートルにまで近づく。ここでまた、土井はさっきとは反対の鼻穴からも、ほんの少しばかり粘性のある液体が垂れてくることを自覚する。鼻血だ。急いでティッシュを鼻に詰めて、走り出す。

　午前８時４分、井川ＣＰに到着する。鼻血を垂らす様子は、カメラクルーも撮る。土井は平然とした姿勢を崩さず、「大丈夫、まだまだ元気」と強がる。だがその裏で、自販機で買いたいものとは違うボタンを押してしまったことには、さすがに誰も気づかない。このあと、あちこちに応援者が居並ぶ中をひたすら走り続ける。

熱帯低気圧による曇天が土井の味方となった。例年の大会のような照り返しが、今はない。約10キロほど上りが続き、富士見峠へとさしかかる。

畑薙から最も近いコンビニまで70キロもあるので、補給食も必要な分量を持ってきた。食事によってエネルギーを回復した以上に、コース上で家族の姿を見つけた時には、より走れる気がした。

北條らは土井を追い続け、インタビューを撮る。

「自分の限界って感じました？」

「いやー、まだ感じてないかもしれませんね。うん。まだ可能性を残してますね」

淡々と語る土井だが、ふと熱を入れて語る話題もあった。

「望月さんが作った記録や記憶、それを次の人が越えていき、流れを作ればいいんじゃないかと思うんです。望月さんの次が僕、その次に違う誰かがいてどんどん変化していくのが、僕がいいなと思う形です。松井秀喜の次に大谷翔平が出てきて、みんな盛り上がる。うわ、すごい奴出てきたぜって。そういうふうになればみんな楽しいんじゃないですか」

初めて選手として走り抜いた、畑薙からのロード。土井は、大学のバスケ部時代や地元で知る仲間、そして顔は知らないにせよ、このＴＪＡＲというレースを愛する多くのファンたちの声援を一身に受けながら、進み続ける。

小学生の頃から喘息に苦しみ、このレースにも薬を持ってきていたが、使うことはなかった。就職した直後、消防学校に入った頃は、両腕だけを使う縄登りが上手にできなかった。先輩や同僚たちが食事を取っている間に一人、登って克服する努力を欠かさなかった。いつしか15メートルを登れるまでになった。

同期には土井ちゃんと呼ばれる。土井の前で同僚がインタビューを受けるのを横で聞きながら、舌を出して恥ずかしそうな表情を浮かべた土井。

「今、すごいすごいって言われるけど、努力をしてきました。中身は全然、凡人です。できへんことの方が多い」

静岡駅を過ぎ、土井はまた鼻血に見舞われる。うまく処置して歩みを止めない。

「なんでも聞いてくださいよ。質問もどんどんしてくださいね」

静岡駅から並走した杉目には、フレンドリーに接した。

「番組を作る者としては、正直、土井さんが何かすごいトラブルに苦しんでいたりするところを狙っていた部分があるので、ちょっと悔しいですけどね」

「そうですよね。初日、しめしめ、睡眠を削りよったなっと思ったと思うんですけど、意外や意外、耐え忍びました。今、一番しんどいです」

「何が？」

「いやー、脚が痛いんです。応援がありすぎて、止まれない。本音で言うたら、すぐもうこの辺でメシ食って帰りたいです。新幹線乗って」

　土井は、井川からひたすら走り続けてきた。飲み物を買い、飲む間だけその辺の適当な場所に腰掛けて一休みするだけだった。さすがに足取りが重くなってきた。しきりに腰や脚の付け根を気にしはじめた。

「アイタタタ、脚が痛い。最後のロード、だいぶ頑張りましたよ。走りました。出し尽くした感、ありますね。このロードで」

　気難しそうに見える時もあるが、人と話をするのが本当は好きな人なんだな、と杉目は感じた。ＴＪＡＲが終われば、昼からビールを飲んでポテトチップスを思いっきり食べたいという。

「狭いんで、車だけ気をつけて！　ここの通りは大丈夫なんですけど、その先が」

　ここまできても、土井は取材陣への気遣いを欠かさない。

　そしてやってきた大浜海岸。午後5時30分過ぎ、ゴール地点には熱心なファンが大勢集まっていた。熱帯低気圧の影響で、雨が降り始めていた。

　海岸手前にある公園の入り口付近で横から車が、急にちょっとだけ出てきた。

「おおー、最後にこれ轢かれたら、笑い話になる。『最後轢かれよったで、あいつ』みたいな。ちょっと、おいしいかもしれん、ゴールできん！　みたいな」

「笑えないですよ」

　照れ隠しの茶目っ気交じりのジョークを最後に発し、土井が再びオフィシャルな顔へと戻り、軽く頭を下げて前へと進み出る。花の舞台が、すぐその先に待つ。本番前の試走時には、あえて砂浜直前の堤防を越えず、その手前で引き返した。

　堤防の階段を上ったその先、数百人のファンが集まり、土井を迎えるように左右に並んでいた。レッドカーペットの先に、太平洋。海岸の砂地に足を踏み入れた瞬間、バケツをひっくり返したような土砂降りが、現場にいた全員を襲う。大自然からの、荒っぽい祝福か。

　自宅でのロケでは、父親のレースにさほど興味がないと語っていた次男の楓太が、黄色いサッカーボールを手に近寄る。土井がしっかりとその肩を抱き、「ＧＲＥＡＴ　ＥＮＤＵＲＡＮＣＥ」と書かれた横断幕へと辿り着く。

　午後5時33分、ゴール。２０１６年に望月将悟が作った〝5日間切り〟の4日間23時間52分を6時間19分上回る大会新記録を打ち立てた。

「やった」

　土井はそう言ってすぐ、楓太に優しい笑顔を向ける。まずは喜びを一番分かち合いたい、そんな気持ちが伝わってくる。

「なんかこう……結構一瞬でしたよ」

　ちょっと声を張り上げて、取り囲むファンたちに伝える。さすがに気恥ずかしさもあるだろう、ちょっと笑顔がぎこちない。

「達成感は当然、あるんですけど、限界は先にあるんじゃないか」

　後日、ＳＮＳにはさらに記している。

〝この記録がすごいのかどうなのかわからないけど、挑戦する人が次に目指す一つの指標となることは確か。記録は破られるためにある。この記録を更新してほしいと思うし、自分もまだまだ成長できると思っている。「限界はまだ先にある」これも自然に出てきた言葉。先を見ている自分が、少し誇らしかった〟

（土井のフェイスブックより）

一方の望月。昼前には赤石岳へと向かっていた。ここでついたのは平出カメラマン。望月は平出に対してかねてから、共感と尊敬の念を抱いている。

「誰も登ったことのない山へと挑み続ける平出さんのチャレンジは、自分の経験を超えるところもあり、想像つかないことも多い。だけど、山の中に身を置く寒さや苦しさ、辛さについてはある程度、わかるところもあります。自分とは違うフィールドでチャレンジを続ける平出さんには敬意を抱いています」

そう考える望月に、平出が語りかける。

「ちょっと、自分の話をさせてもらってもいいですか」

「僕も聞きたかったんですよ」

「私には、なぜ山を登り続けるのかという理由があります。挑戦した山が何を教えてくれたのか、次の山に登るとやっと振り返られるんです。今、挑戦した山が登山を終えて目の前にあっても、本当に何を得たか、漠然としてわからないんです。それに気づきたくて次の山に登ります。そうでないと、今しがた登った山の価値がわからない。わからないままでいるのが嫌なので、登り続けています。望月さんはレースに出続けてますけど、今回レースに出て、どう感じてますか？」

「そうですね、ちょっと日が経つと、もっとこうしておけば楽に行けたのかとか、あるいはもっとタイムが縮められたのでは、そう思うことがあるんで、だから何回も出てるのかな」

２０１８年の無補給レースとはなんだったのか。それもこのレースを終えてくれれば、あるいは見えてくるのかもしれない。逆に望月が、話を聞く絶好の機会と平出に問う。

「僕も平出さんに質問があります。無踏破、誰も登ってない山、海外の山、氷の山に行くじゃないですか。年齢的な衰えは感じるんですか？」

「それは僕も感じます。43歳になりまして、体力とのせめぎ合いというところですかね。自分も、登山家として、アスリートとして、できる年数を数えてみても、もう数えられるくらいです。一番重要なものはなんだろうかって考えた時に、最後は記録より記憶として残すことが大事と思うようになりました。それからは、人と比べたり、『記録を出さないと』といった考えから解放されて、少し自然体で山に臨めるようになった気がします」

「いいな。僕もそれが一致しなくて、自然体で登れなくて。他の選手と一緒に登ると、『速く登らなきゃ』とか『昔はもっと速く登れたのに』と、そうなっちゃった。さらに、ここ3年くらいは体が動かない。自分が長く続けてきたこのレースで何かを見出せたらいい、とにかく何かやらなきゃ始まらないと思って、出てみたんですけど、めちゃきついんですね」

「望月さんらしい姿を見たいし、楽しみにしています。みんな、望月さんの生きる姿に多分影響を受けているんじゃないかと思ってます。多くの人の心の中に残る人になってると思うので、精一杯やってる姿があれば、みんな受け入れてくれると思います」

「何か感じてもらえたら、嬉しいですね」

「選手の皆さんの挑戦は僕の次の挑戦へのエネルギーに本当になっていて、自分が絶対簡単に登れない山に挑んでいる時に、皆さんの頑張る姿を思い出すと、『ああ、こんなではダメだ』ときっと思うでしょう。とてもいい時間になりました」

この数日後には登山のためパキスタンに向かうという平出との話は、しばらく続いた。

山の巨人が二人、心ゆくまで会話を楽しんだ。

望月はこのあと、昼過ぎにコースを外れ、赤石岳山頂直下にある山小屋に向かった。過去5回のレースでは、必ずこの小屋に立ち寄ってきた。先ほど会話を交わした平出はカメラマンに戻って、望月を後ろからそっと追い続ける。

「こんにちは、着きました。6回目！」

18年にわたり小屋を守ってきた管理人の榎田《えのきだ》善行《よしゆき》。２０２２年で山を下りる。小屋の外に腰掛け、望月を見つめながら、懐かしそうに話し出す。

「昔はもっと、生意気な顔をしていた」

「そうかもしれない」

「ずいぶん、いい顔になったね」

「歳もとったもんですから」

「人間って顔に出るからね、生き方が。将悟君はいい顔になったね。いい人生送ってるよ」

もう20年以上、慣れ親しんできた南アルプスの山。そして心を打ち解けて話のできる人々。望月が〝絶対王者〟になる前から、見守ってきてくれた。

「行ってらっしゃーい！」

そう言って送り出してくれた榎田らの声を聞いた望月は、数十メートル離れた岩の上からこちらをくるりと振り返り、大きくストックを上げて応じると、ひょいっと姿を消す。


その後、百間洞を過ぎ、中盛丸山へ至る道中で望月は、旧知の駒井カメラマンに語る。

「土井君を見たい、異次元の速さを見てみたいなというのが正直あった。もっと競い合いたいというのはある。だけど２０１８年以降、練習がまともにできないので、勝負できない。それは当然なんだけど、でも自分の記録を抜いてくれる人が現れたら、僕もホッとする」

「本当ですか？　すると、破られるのを見届けに来たんですか？」

「そうです。土井君が出てくるってことで負けたかったんです。全力でやって。……自分の記録が破られたら、寂しいかなと思ってたんですけど、そうじゃなくって、ちょっと嬉しい気がします。僕はＴＪＡＲ記録保持者じゃなくなりますけど、やっぱり記録は破られて、また誰か新しい人が、その記録に向かっていったらスゲーなって思いますから」

午後2時、南アルプス最後の難関、聖岳手前の稜線上にある小ピーク・兎岳登頂後、腰掛けてスマホを取り出す。駒井が早口で質問を投げかける。

「何、チェックされてたんすか？」

「場所のチェックと、前後のチェック」

「どうしてですか？」

「なんとなく気になるから。後ろから追いかけてくるのであれば頑張ろうと思うし、前が見えるんであればもっと頑張れるんです」

無精髭が生え、寝不足もたたり、疲労の色が濃い。それでも小さくうなずき、歩き出す。

「よし、よし、よし」

疲労はもうとっくにピークに達している。だが、歩みを止めない。

「いつもより楽しいですね。心に余裕があるというか。楽しめてる感じがします」

望月にとっていつしか重荷となっていた、大会4連覇の記録。土井がゴールしようとする頃、望月は〝自分のレース〟を走り出していた。午後4時30分頃、標高3013メートルの聖岳に到着する。


望月が強い風雨の中を進んでいると、前方に馬場の姿を見つける。

「一緒に行きましょう」

馬場が声をかけてきた。望月は茶臼小屋までの道のりを手短に説明すると、馬場の体調を気遣った上で、共に走り出す。馬場が全力で追ってくるのを背中で感じながら、望月は叫ぶ。

「ひゃっほー！」

体がうずいていた。走りが楽しくて仕方ない。雨も、風も、関係ない。

「望月さん、10秒だけ時間をください」

馬場は自分がハンガーノックになりそうだと伝えると、望月は即座に止まって、食べるように促す。馬場は、山岳レスキューのプロフェッショナルとしての望月の片鱗を見た。

午後10時40分頃、茶臼小屋へ馬場と前後して到着。石尾は午後5時頃、木村は午後6時50分頃に通過していた。ここで補給し、睡眠を取るという馬場に対し、望月は止まらずに、そのまま一気に下山する。


時間は遡って、5日目午前2時。

後方を進む選手の一人、稲崎は駒ヶ根市内の駅前の公園にちょうどよいベンチがあったので、そこでシュラフカバーに入って寝込んだ。睡眠時間はここまで合計4時間30分。

午前3時頃、起き出して準備を始めるが睡眠不足で頭は朦朧としたまま。市野瀬ＣＰに預けてある私物について、地元・富山の取材クルーに返答をした。

「今日、荷物、中間地点に届けてあるので砺波？　あ、頭回ってない。市野瀬、長野か」

自分の所在地が判然としない。次に起きた時には、すっかり明るくなっていた。

午前8時30分に市野瀬ＣＰへ。仮眠を取りたかったが、想定よりペースがかなり遅れている。本当は昨夜のうちに到着しておきたかった。荷物の入れ替えに手間取り、気づけば何度も荷物を出し入れしていた。やはり、頭がうまく働いていない。午前10時30分過ぎ、松本や野田と連れ立って、市野瀬ＣＰを出発する。仙丈ヶ岳へは練習も合わせて20回以上登っている。これから進む予定の地蔵尾根は、普段なら6時間で登れるはずだ。

稲崎が暮らすのは、魚津の隣の滑川《なめりかわ》市。ミラージュランドは家から車で5分の距離にある。家から少し歩けば大観覧車が目に入る、そんな近さだ。元々は大工だった。その後、現在の住宅建材メーカーに転職し、営業を担当する。子どもは二人。その自宅で話を聞いた。

「ずっと仕事漬けだったもんで、僕。他に趣味もなく、空き時間も仕事があったら仕事してるって感じで」

北陸地方で古くからある家で時折見かける豪華な仏壇を前に、稲崎がＴＪＡＲに出場するきっかけを語った。今は亡き、母の一言だった。

「２０１２年大会が初めて放映された時、僕は家の2階でやることもなくゴロゴロしてて、そんな時に母親が教えてくれたんです。『あんたにぴったりの、好きそうなレースをやってるよ』って。『これだ』と思いました」

若い頃は自転車で青森まで往復するなど、日本中を旅して回った。ＴＪＡＲを見て、その頃感じていた興奮と達成感が甦ってきた。当時44歳。１キロ走るのもやっと、という状態からのスタート。毎日、仕事を終えた夜10時30分から10キロ以上走り込む練習を続けた。山に入り、下山後、そのまま職場に行くこともしばしば。周囲に迷惑をかけぬよう、洗濯や食事も自分でこなした。4年後、2016年の選考会に出場するが落選。

「近くて遠い所になった。悔しくなって、行きたくなかった」

以前は子どもと頻繁に訪れていたミラージュランドに、足を踏み入れられなくなった。それでも諦めなかった。だが2018年、2021年も選考会で不合格。自分と同じように挑戦したものの、諦めて去る者もかなりの数、見てきた。周囲からは事あるごとに「目標が大きすぎんじゃない？」「まだやってたのか？」との声も聞こえた。妻すらも「自分の身の丈《たけ》に合ったレースに参加すれば」という始末だった。

それでも淡々と練習を重ね、ミラージュランドへ足を踏み入れなくなり6年経った2022年、念願の本大会出場を果たした。妻は最初は信じなかった。だが、本当だとわかると態度が急変。TJARのDVDを毎日・毎朝見て研究し、励ましの言葉をかけてくれるまでになった。

54歳という年齢を考えると、今回が最初で最後のチャンス。

「諦めたらそこで終わってしまうのが、一番怖かった。やってきたことが無駄になってしまう。元の、仕事漬けの人生に戻るのかなと。生きる支えになってますね、これが」

蛙《かえる》がけたたましく鳴き続ける田んぼの脇で、夜間の練習後に語る稲崎だったが……。

「俺も松本君も疲れが溜まってて、『ちょっと休もうよ』が2時間、3時間になって。結局、山頂に着いたのが6日目の0時だった。12時間以上もかかった」

地蔵尾根に入る頃には気温がみるみる上がり、暑さで発汗が止まらない。脚がふらつき、ペースの速い野田に先行してもらうと、時間に気が回らなくなった。今度は深夜の山頂。すっかり寒くなり、昼までの山行とは対照的に、持っている衣類すべてを着ても震えが止まらない。非常用のポンチョを忍ばせていたのがせめてもの救いだったが、寒気が収まらず、動き続けるしかない。雨の中、ガスで湯を沸かして温かい物も食べた。どうにも、計画通りにはいかない。

その稲崎同様、体調不良に苦しむ選手がいた。昼頃、熊の平小屋。

「しんどさが、きてますねえ。下痢が止まらない。水を飲むと、腹壊すんですよ」

声の主は保田。柏木登山口で始まった下痢が続いていた。ここに到着した時も、水を飲むことがままならず、脱水症状寸前の状況に陥っていた。

熊の平小屋を過ぎた所からは、田中カメラマンが保田について撮影を続けながら話を聞いた。

「孤独、辛いですよね。ＴＪＡＲ出る人、孤独好きな人がいますけど、僕は孤独は全然……」

「僕も、走った時は先頭の方だから一人なんです。南のこんな鬱蒼とした森を夜走ってたし、メチャクチャ怖いじゃないですか」

「嫌ですよね」

保田が、選手だった頃のことを思い出しながら話す田中と、弱気なトーンで会話をする。

京都市内の病院で理学療法士として高齢者のリハビリを担当する保田。大学卒業後に就職し、２０２２年で12年目になる。杉目ディレクターが事前取材で訪ねた日は、女性患者の左足の付け根と膝の部分を持って、「１、２、３、４」と大きな声を出しながらリズミカルに上下させて、少しでも可動しやすくなるようにとサポートをしていた。力や技巧的なテクニックがあるだけでは不十分で、患者一人一人に寄り添い、コミュニケーションを取る能力が必要だ。

「優しいですよ。みんな口を揃えてね、『あの先生、優しい』って言います」

「いやいや、やさ厳しいかもしらん！」

「やさ厳しい？　なんですかそれ⁉」

　患者と一緒になって、笑い飛ばす保田。治療を行なう合間に、患者の生い立ちや、これまで辿ってきた人生について耳を傾けると、とても勉強になっていい、とも語る。

　本大会への出場が決まると、職場は大騒ぎになった。同僚たちはリハビリ室前の廊下の掲示板に「日本中から選ばれた30名　８日間、最も過酷な山岳レース　洛陽病院　理学療法士　保田直宏出場決定」と印刷したかわら版を掲示した。

「だいぶ前から『出場するのが夢です』と言ってたね。こっちは『まあ無理やろ』と返してね」

　上司が冗談を飛ばす。新型コロナ禍に対処するため、病院の人繰りにも余裕があるわけではないが、チャレンジする保田を応援しようと決めたという。病院理事長は言う。

「大きいチャレンジを経て、保田君は大きくなって帰ってくるでしょうし、こういうチャレンジする職員がいるということは、新型コロナでみんな動かないようにと縮小ムードが広がる中、病院や接する患者さんたちが活気づく大きなきっかけになると思っています」

　保田は２０１２年の番組を見た上司の「お前、出たら」との冗談交じりの勧めをきっかけに、出場を目指し始めた。本当に〝ただ、それだけ〟の理由でのスタートだった。

すぐサボる癖があるので、無理にでも自分に負荷をかける必要がある。みんなに監視してもらった方がやる。保田は、そんなやり方で自分を追い込んできた。

「途中でやめたい時が何度もあったんですけど、今までもその都度やめてきて、後悔があったんです。だから、ここでやめたらまた同じじゃなと」

中学校では野球をしていたが、肘が痛いとやめた。高校ではワンゲル部に入ったが、体調不良を理由にやめた。さらに高校で始めたバンドを続けたいと大学でも活動を始めたが、学業を優先するからとやめた。好きで始めたことを、どんどんやめた。バンド仲間とは「将来、CDを出して全国を回ろう」と話していたが、自分だけが抜けた。大学卒業後、その仲間から電話がかかってきて「その夢を叶えた」と聞かされた時、淋しさを覚えた。自分には何か足りない。そんな思いを抱いた。

不完全燃焼の日々を送っていた2014年、前述の上司から教えてもらった番組DVDを見た。ゴールした選手たちの表情が印象的だった。長年積み重ねてきた目標に到達したから、あんな顔ができるのか。自分はそんな顔をしたことがないなあ。テレビ画面を前に、黙り込んだ。

そこから8年。練習を積んできた。毎日、自宅と病院間、鴨川沿いを往復30キロ走る。楽しいなと思えるのは、ほんの一瞬。山に行って、景色や自然に触れた時だけ。なんでこんなしんどいことをしているのか、と今も思う。走り出しても2、3キロすると、「もう帰りたい」と思い始める。駅前を通れば「あの電車に乗ったら家に帰れるな」、常にそんな感じ。それでもリハビリに訪れる人たちに「自分は足が痛いので、山に行ける先生が羨《うらや》ましい。患者の思いも持っていって！」といった励ましをもらうと、自由に体が動き、走れることの贅沢さを思い知った。

本大会出場決定後も、緊張によるストレスはいや増すばかりだった。そもそも、本大会に出られるなど、露ほども思っていなかった。選考会に出られればよいくらいに考えていた。そのため、30人に選ばれてからも、完走できる気がせず、真剣に出場辞退を考えた。

とにかく自信がない。常にネガティブ思考。杉目がロケを行なったのはレース直前の8月上旬だったが、保田はその前日にはうなされ、朝5時に目が覚め、体がぐっしょり濡れたという。200キロを無理に走らされるという悪夢も見た。

「選手の中で、一番不安になってる自信はありますね。そこには絶大な自信があります」

それでも迎えた本大会だったが、スタート前にさらなる難題が襲った。

北陸地方の大雨の影響で、京都から魚津へ向かう特急サンダーバードが終日運休となっていると知る。向かった京都駅は、朝から殺気立った人々で芋を洗うような混雑ぶり。駅員へ鬼の形相で問うと、「新幹線で東京経由で富山に行くしかない」との返事。予想外の出費と、時間のロスとなった。

そしてやってきたスタート。母親からは雨が降っていないのに「直宏、雨が降ってきたからやめてください」とのメールが来て一悶着あったが、電話をして固い意志を伝えた。ゴールで「やりきった」と思いたい。いろいろなものをやめて後悔してきた自分との戦いに、決着をつける必要があった。

田中は「一人で南アルプスを進むことは孤独ではないか」という保田に、同調するように見せかけて「そうではないんだ」と話を転換させる。

「ＴＪＡＲって孤独をまったく感じないんですよ」

「えーっ？」

「だって今、この瞬間に動いてる人が他にもいるんだもん。そのことがすごく勇気をくれる。僕一人でやってるんじゃないという、その感覚は強いですよ。僕も夜に塩見を越えた時、振り返ると遠くにライトが見えたんですよ。感動しましたね。いるいるって！」

田中はさらに、保田にここまでの取材の話を聞かせようとする。

「僕、ちょっともうすでにね、いろんな話を選手から聞いて、泣いちゃったこともあって」

「えー、すごいな。みんなそれぐらいの決意、思いがあるんですね」

「そうじゃなきゃ、土井君みたいな突出したランナーじゃない普通の人は、こんな辛いことしないよ」

「そうです、そうなんです！　辛いんですよ」

保田が、〝辛い〟に一際アクセントを置いて答える。田中が続ける。

「一般の人はみんな、生活で辛さはあると思うんですよ。仕事も家庭もいろいろみんな抱えてるわけじゃないですか。もがきながら、そういうことと向き合ってるし、そのうえでレースに立ち向かってる」

「一緒ですよね」

「それをね、ぜひもう、出しちゃってほしい。そしたら、より多くの人に共感してもらえるし、勇気を与えると思うんです」

「わかりました」

田中の薫陶を受けた保田はゴール直前、大きな〝見せ場〟を作ることになる。

6日目

8月12日

August 12

「いい大人が真剣に何かに向き合う格好良さを、今は知ってます」

日付が変わる頃、雨風と視界不良の中、聖岳に登頂を果たした者がいた。井出だ。

百間洞を過ぎて強まってきた雨風の中、ここまで眠気や寒さとも戦いながら進んできた。兎岳避難小屋の脇でマットとエマージェンシーシートも体に巻いた。そこから長かった。ホッと人心地ついて下り始めたが、これまで異常のなかった左足が痛み始めた。くっと曲げようとすると、途端に痛む。初日、馬場島へのロードで速いペースで進む望月に無理についていったせいで、右膝を痛めていた。それを庇《かば》うあまり、今度は左膝にしわ寄せがきていた。聖平小屋の手前で野寄の励ましを受けて午前3時、聖平小屋に到着する。

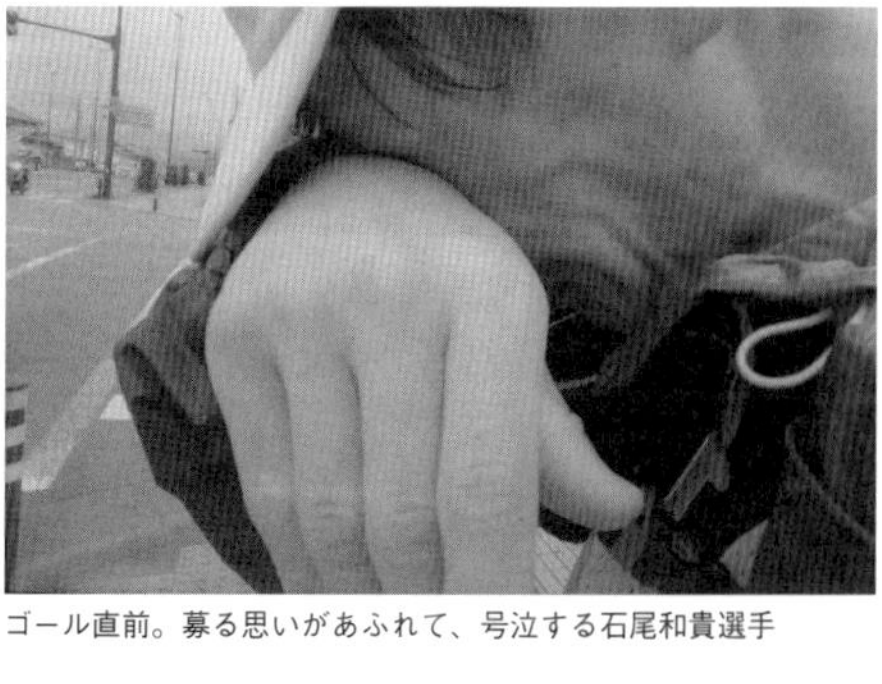

ゴール直前。募る思いがあふれて、号泣する石尾和貴選手

強めの雨が井出のカッパに叩きつけるように当たって、音を立てていた。

「左膝やっちゃってさ。痛みが痛みだけに……諦めたくないけど、辿り着けないですね」

先着していた貝瀬がその話を聞き、井出にアドバイスをする。

「井出さん無理しないで。完走したい気持ちはわかりますけど、途中で動けなくなったりするのが一番やばいので」

そう言う貝瀬もここまで、草刈り機で萱《かや》を切り続ける男性が右側を並走するという幻覚が長時間続き、ずいぶんと苦しんでいた。井出は、貝瀬の助言に感謝し言葉をかける。

「貝瀬君、頑張って」

「井出さんも！」

井出は貝瀬と別れて雨の降りしきる中、キャンプ場へ下りて休むことにする。真夏とはいえ、悪天候の山の気温は５℃を下回る。湯を沸かして体と脚の痛む部分を温め、丹念にマッサージする。土砂降りでシェルターは浸水し、横になってみるが寒くて眠れない。

「昔、真剣に何かと向き合うことが格好悪いと思えた時期があったんです。でも、いい大人が真剣に何かに向き合う格好良さを、今は知ってます」

そう語る井出は、山梨の石材店に勤める石工職人。愛称はデーイー。その道20年のベテランだ。事前取材で、加工している墓石の表面の文字にスプレーをかけながら、仕事への矜持《きょうじ》を語る。

「人間の顔みたいなもの。そこを任されているということで、それなりの使命感がありまして」

石は奥深くて面白いという井出だが、プライベートの時間では沢登りやクライミング、冬山登山、縦走、アイスクライミングなどに興じてきた。

一方で井出の人生は、思いもよらぬことの連続だった。13年前、妻と離婚した。登山やクライミングは、その痛手を忘れるためのものだったのかもしれない。いろいろなことに挑戦しながら、「これでいいのか」と心にぽっかりと穴があいたような日々が続いた。

離婚し、子ども3人の親権は母親が取った。だが、しばしば生活費の無心などの連絡が入ってきた。板挟みになった形の子どもたちには、長い間、辛い思いをさせてきた。

さらに２０１８年、父親が心筋梗塞で亡くなる。仕事中だった井出は、最期を看取ることができなかった。そして２０２１年、スナックを経営する母親が突然、店内で倒れた。井出は5年間ほど手伝っていたが、報《しら》せを聞いて店に急いだ。脳出血だった。母は入院してひと月後、文字を書けなくなった。42年間続いてきたスナックは閉じられた。

カウンターに残る瓶の底の跡を見ると、いろいろなことが思い返される。景気のよかった時代にはオールドパーがズラリと並び、毎日遅くまで常連客で賑わった。客一人一人の語る人生ドラマは、どれも面白かった。母は客一人に小鉢を7品も8品も出すのが常だった。新型コロナ感染症対策としてトイレやエアコンを整備し直し、井出もスナックの手伝いが終わってから、寝ずに山に入ったりもした。だが、それらはすべて、過去の話となった。

今も右手に麻痺が残る母の面倒を見るため、井出は山へ行く時間を減らした。

母の両手両足の爪も、井出が切りそろえる。

「なかなか親の爪を切るなんてしないと思うんですよね。でも、できないとなれば、やりますよ。だって、やる人いないんですからね」

井出は10年前、賞品や賞金といったしがらみのないＴＪＡＲを知り、一目惚れした。過去の番組のＤＶＤは何十回も見た。誰かに気を遣ったり、何か宣伝をする、そういったことに長《た》けていない者がここに集まってくるのではないか、と感じた。

「そんなレース、あるわけない。嘘でしょう！　そう思って見たら、スゲー人たちがいるなと衝撃でした。いい大人が真剣にやるって、格好いいじゃないですか」

井出はそれ以降、練習に打ち込む時だけは真っ白になれた。

「自分の支えというか、辛いことも、ＴＪＡＲがなかったらどうだっただろうと思います。それをやめちゃうと、自分が自分でなくなっちゃうような感じがありました」

ＴＪＡＲを目指すから、仕事にも生活にも張りが出る。努力を重ねることで、新しい自分も発見できる。週に4日から5日ほど走り込み、体を作り込んできた。

娘からもらった〝完走お守り〟を持って、ここまできた。母には、釜トンネルを過ぎた場所で一度会っていた。こちらに向かって、手を合わせていた。様々な思いが募った。その母は大浜海岸でいま一度、走りきった自分の姿を見る、と待っているはずだ。レースの終わりは見えてきた。ボロボロになった自分の姿を、母と娘たちに見てほしい。

同刻、レースの行方を左右するニュースがあった。

熱帯低気圧が台風8号（メアリー）になる。中心気圧は1004hPa《ヘクトパスカル》。中心付近の最大風速18m／s、最大瞬間風速25m／s。中心の南東側330キロ以内と北西側220キロ以内では、風速15メートル以上の強い風。間ノ岳《あいのだけ》～三峰岳、兎岳～聖岳、仙丈ヶ岳の山頂付近など南西側や南側が開けた稜線で、午前中、南寄りの風がやや強まる見込み、とのこと。

同じ頃、井川オートキャンプ場。

南アルプス終盤で2位に上がった後も、トップを独走する土井をあくまでも追おうと怒濤の進撃を続けていた石尾の異変がカメラに収められた。

「体が動かないし、記憶も飛んでて。数分前の自分の行動や見たもの、話したこと、それらについて、なぜそう思って、そう言ったのかを、覚えてないんです」

石尾はレース4日目の午後9時過ぎに三伏峠を出発後、体調が急変し、ペースを落としていた。食べ物を受けつけなくなり、高山裏避難小屋、荒川小屋、百間洞山の家、各所でトイレに駆け込んだ。

5日目が終わる頃、南アルプスを下りてロードに。その時に確認すると、後続の木村との差は2時間。寝ずに進めば逃げ切れそうだった。だが左足のふくらはぎの痛みや雨もあり、畑薙第二ダムそばの白樺荘を通過したあたりで道路のガードレールの外側にスペースを見つけ、シェルターを張って3時間ほど寝た。その後、6日目の午前3時50分、井川CPで通過者のチェック表を見て、木村が2時間前に到着していたと知る。

「『あー、木村さんに抜かれたんだ』と。さすが、強いですよ」

石尾はいつ木村に抜かれたのか、記憶がなかった。寝ている最中に抜かれたのだろうが、それを別としても、頭がまったく働かなくなっていた。

ゴールの大浜海岸まで残り60キロ。最後まで追いたいが、諦めの気持ちも募り出す。

強い雨が降りしきる中を進む石尾。途中、増水して足のくるぶしまで水に浸かる場所もあったが、時に歩きながらも、小走りで先へと進む。


やがて、日の出を迎える。南アルプスの北部では、まだ台風の影響は限定的だった。

午前7時30分の三伏峠。

「初・静岡県のチェックポイントなんで、静岡県に入ったというだけでも嬉しいですね。三峰岳でしたっけ、あの長い仙塩尾根を通った時に、『おお、静岡に来たんだ』と思ったら、急に元気が湧いてきました。一応、これで大浜の地を含む静岡までは辿り着くことができました」

そう語る中島裕訓。山梨県の特別支援学校で教諭を務める。知的障害のある子どもの進路指導をしてきた。太鼓部の顧問。生徒にはいつも「チャレンジするんだぞ」とその大切さを説く。それを、自分がこのレースに挑戦することをもって示したい。

スノーボードの指導員の資格も持ち、全日本スノーボード技術選手権大会には、山梨県代表として数回出場。3人組の庶民派ロックバンドではドラムスを担当するなど、趣味も多彩。

登山は、北アルプス南部地区の山岳遭難防止対策協会救助隊員をしていた父からの誘いで、大学生時代に夏休みを利用して3年間、父の仕事の手伝いをした頃から親しんできた。

２０１２年のレースを見て、興味を持つ。

「子どもの頃、地図を眺めながら『ここの稜線とこっちをつないだら面白いんじゃないか』と思ったと思うんですけど、そうした冒険のワクワク感、それがそのまま大人になってやれる。そういう素敵な歳の取り方っていうのはいいですよね」

一庶民でも、日々努力を重ね続けて諦めずにチャレンジを繰り返せば必ず道は開けると証明したい。大会ホームページには「自分らしく、自己と対話をしながら、レースを満喫したい」とあった。
その中島は自己のみならず、他者との対話も嫌いではないようだ。

「お話とかもされるんですか？」

「いやー、そんなべらべらじゃないですけど……」

と言いつつ饒舌。北アルプスの下り、ババ平手前の河川敷の色とりどりの岩が、まるで野外でバーベキューパーティーをしている集団に見えた、頭の中でNHK・Eテレの〝ビーだま・ビーすけ〟の曲がエンドレスで流れた、という話を楽しげに開陳し始める。

そこに関と横井がちょっとの差で入り込む。この3人は、ほぼ同じペースで前後しながらここまで進んできた。中央アルプスでは関と中島は、二人して並んで立ち寝しているところを後続のナンバー22・今崎《いまざき》治男《はるお》（46歳）に発見され、「大丈夫か」と声をかけられていた。

前夜の夜間の道行きは3人全員にとって、厳しい試練となった。午後5時に熊の平小屋で天気予報を確認した時には、9時間後、すなわち6日目の午前2時から雨という話だったが、実際にはずっと早く降り始めた。風が吹かない中、レインウェアを羽織るが蒸し暑く、水分と体力をかなり消耗した。塩見岳の急登では一転して強風が吹き荒れ、油断すると滑落しそうな中を四つん這いで登った。3人は土砂降りの中、それぞれ6時間ほどビバークして寒さを凌いできた。

下りも険しく、関は「鎖場ではスリップに注意をしなければ」と思った矢先に足を滑らせた。すんでのところで鎖にぶら下がって、滑落を免れる。横井がすぐに駆け寄った。だが、関はほどなくして再び足を滑らせ、今度は岩に左足首の外側を激しくぶつけ、しばらく動けなくなった。

深夜、関と横井の二人で湯を沸かし、体を温めて休憩を取っているとようやく雨が止み、明るくなってきた。そこから、ここまでやってきた。

中島は二人を見てすぐ、声をかける。

「あれ、会いたかったよ！」

「会いたかったって……さっき会ったじゃないですか？」

「えっ？　どこかで会いました？」

中島には記憶がない。昨夜、悪天候の中、塩見岳を越えるために精神力を使いきり、頭の中がよれよれになっていた。中島はやがて、ふやけた足のケアを始める。右小指付け根、左の親指から中指にかけてが水ぶくれになっていた。中島はここまで残しておいた味噌ラーメンと中華丼の調理を始める。撮影をする濱野があることに気づいて、3人に問いかける。

「皆さん、世代はほぼ一緒ですね？」

「そうっすね、大体」と横井。

「40から45くらいの人が、一番いるんじゃないですかね」と関。

「メチャクチャ過酷なレースなのに、なぜその世代が？」

「いろいろと……辛いことが、あったんでしょうねぇ」と、かわすように答える横井。

　横井は静岡出身。水素水メーカーのセールスマンだ。大学では山岳サークルに属した。そこでは「山で走ってはいけません」と教わった。その後、大学を出てから世界中を冒険し、北極海から南極海まで行った。バイクで南北アメリカ大陸を縦断。南米アコンカグアの登頂も果たした。その後、仕事が多忙を極め、十二指腸潰瘍になった。しばらく放置していたら穴が空き、入院。その時、自分は死ぬかもしれないと思い至った。昔からやりたいことはやる主義だった。なおさら、やりたいことをやろうと決め、山好きだったことと、日本アルプスをすべて巡るというＴＪＡＲのスタイルに関心を抱き、出場を目指した。練習のしすぎで疲労骨折までした。目指し始めて6年。２０１８年は補欠。２０２１年に続いて今回が二度目の出場になるが、今回の出場を自分にとっての最後の冒険と決めていた。
　日本の山について、平出カメラマンから質問された時にはこう答えた
「海外と比べると、緑が多いようなイメージですね。本当に緑がいっぱいで、山一つ一つすべての表情がまったく違いますから、面白いですね」
　２０２１年に出場した際には、大会中止が決まった直後、インタビューを受けた。横井は明るい

表情をしていたので、その場で「中止になったのにニコニコですね」と問われた。

「その時点で切り替えですよ。『よーし、もう次だ』と」

田中正人が荒川岳まで3人を追走しながら、あれこれネタになりそうなことを探る。

「関さん、荷物がすごく大きくないですか？」

そこに、中島がかねてから思っていたことを突っ込む。

「傘、いらなくないですか？　開会式の前の控え室ってピリピリした空気なんですけど、パッと関さんのザックが目に入って、『すげぇ人いるな。これで行くんだ』って思いました」

苦笑いする関。折りたたみ傘を持ってきていた。駒ヶ根の夜、牛丼屋から出たところで雨が降り始め、そこで一度使ったが、結果的には必要なかったかもしれない。

「ま、どっちにしろ遅いんで。装備不足から来る低体温症でリタイアすることが絶対ないよう、着替えはシャツ4枚、レインウェアは2セットずつ」

関は事前に中央アルプスに試走に来た時、濡れたウェアを替えずに寝たらどうなるのか、試していた。すると寝袋の中で指先がどんどん冷たくなり、結局一睡もできずに朝を迎えて大変な思いをした。その経験があったため念には念を入れ、ザックには食料からウェアまで詰め込んだ。実際に木曽駒ヶ岳で暴風雨にさらされた時には、それで命拾いをした。

その関に、田中が問う。

「ゴールしたら、自分が変わりそうなところありますか？」

「また一つ、自信がつくのは間違いないです。今まで見る側の人間だったのが、出る側の人間の景色が見れました。いろいろと違う景色が見られたのがすごくよかったですね」

「どう違いましたか？」

「一人じゃない、とすごく感じました。力をもらえます。ロードを走ってた時にTJARを何も知らない人が水を差し入れに来てくれたんです。見て、すぐわかるくらいキンキンに冷えた水で、『すいません、ルールで受け取れないんです』と伝えましたけど、大変そうだから何かしてあげたいという人がいるんだなと。それに、知らない人が自分の名前を呼んでくれると嬉しくて。人は一人じゃないんだな、と改めて思いましたね」


3人組が三伏峠を出た頃、この日最初のリタイア選手が出た。最後尾の河田。

「雨傘としても使えるので、便利ですよ。傘は必須ですね。必須です！」

前日（5日目）の午前、日傘を差して市野瀬CPにやってきた姿は、実に河田らしかった。ここまで上高地で松本、稲崎と食堂で顔を合わせたこともあったが、以後は松本と前後しながら、ほとんど一人でレースを続けていた。

市野瀬CPでは睡眠を取りたかったが時間がなく、制限時間前に発った。その時もオシャレに日傘で決めた河田。地蔵尾根を登り終える頃、仙丈ヶ岳手前で霧深くなり、雨も降ってきて道を見失った。疲労具合を考えて明るくなるのを待ったが、三伏峠の関門時刻には到底間に合わない。確実なルートで下山したいと、野呂川越でリタイアを決する。

「体調は悪くなく動けます。余裕あるうちにルート確保されている両俣から下ります」

午前9時9分。河田はレースを終えた。


この日の午前、畑薙第一ダムから井川CPに向かう途中にある湯澤橋周辺で崖が崩れ、泥水と土砂が堆積した。コンクリートの法面《のりめん》を突破し、2車線のうち1車線が埋まった。井川より上流部の林道東俣《ひがしまた》線の閉鎖を見越し、荒川小屋に留まっていた撮影隊のうち、車で静岡まで戻るメンバーは予定を前倒しして下山、撤収を開始した。


そして中島、関、横井が三伏峠を発って約8時間後、三伏峠は午後5時のタイムリミットを迎える。この日も関門を巡るドラマがあった。

午後1時、塩見岳山頂手前にいたのは三上。残り4時間、コースタイム通りにいけば間に合うが、体調がかなり悪い。コースの手前、北荒川岳の登頂時から様子がおかしかった。

「白いものが何もないのに、軽トラが！」

幻覚だ。今大会でも多くの選手が幻覚・幻聴を体験した。

まずは野寄。熊の平小屋手前で向かいの山に複数のヘッドライトを目撃。その場にいるはずのない木村の顔が眼前にある。同行していた貝瀬、井出の前で「木村さんファイトー」と叫ぶ。野田は視界のギリギリ外側に立ち並ぶ山小屋を目撃。旧木曽駒高原スキー場付近の別荘の外壁には「我」「花」「具」などの漢字で埋め尽くされた特異な和風デザインを見る。正体はコケ。そして保田。前後する選手のヘッドライトが４つにも７つにも増殖し、その位置も遠くに行ったり近づいたりせわしない。寝ようとすると、『ちびまる子ちゃん』に登場するたまちゃんのお父さんが遠くを走行。井嶋は道端の草の葉っぱや落ち葉の一つ一つに、ディズニーのキャラクターを発見。目をこすっても変わらず。井嶋は医師。「そんなバカな！ 自分の脳は、なぜこのような変換をするのか、ディズニーである必然性は何か」、俯瞰して考えようとしたが詮無《せんな》し。キャラクターは、まだそこにいた。脳が癒やしを求めているのか？ それがひとまずの推論だった。

以上、『ＴＪＡＲ２０２２幻覚図鑑』より抜粋。

「軽トラはお持ちだったり、乗られたりはするんですか？」

「乗ってないし、普段は考えてもいないんですけど、はっきり見えますよね……」

三上は幻覚もなんのその、塩見岳への登りは気合を入れて一気に登り切った。急登箇所も、地面がほどよく締まっていたのが幸いだった。次の三伏峠の関門に間に合うためには塩見岳を午後１時30分に通過すればよいと踏んでいたが、それより30分早く到達した。

三上には幻覚との勝負に打ち勝ち、大浜海岸まで行かねばならない理由があった。

「会社の元同僚で一緒に走っていた人が病気を患っていて、何年後かには亡くなるかもしれない。死を意識しながら生きてらっしゃって、『私の出場を楽しみにしてる』と言われました」

野澤ディレクターはこの元同僚、中村佳司《なかむらけいし》の自宅を訪れた。年々、筋力が衰えていく進行性の難病、ＡＬＳ（筋萎縮性側索硬化症）を患っていた。筋力が日に日に低下し、できていたことがどんどんできなくなる。その中村がアウトドアチェアに座り、人工呼吸器を片手に語った。

「社会人は時間を気にして仕事をするので、やりたいことばかりできる人はいない。仕事をやりながら、自分でやりたいことを見つけて、それに時間とお金を費やし、家族の理解も得られているのは素晴らしい。僕は三上さんがゴールできることを祈ってます」

中村は三上の７つ年上。２５０キロのレースを完走した経験も持ち、行った先々で宙を飛ぶようなポーズ、あるいは関西ではおなじみ〝飛び出し坊や〟の姿勢と言ってもいい、そのポーズで写真を撮るのが中村の楽しみだった。だが、そのうち体のあちこちが痙攣しはじめ、ＡＬＳと判明。今では筋力が衰弱し、右手の握力はほぼ失われた。会話の合間には人工呼吸器を用いなければ、呼吸もままならない。中村には、三上の出場が励みになっている。

「未来の目標を見出しにくいんです。できなくなることばかりだから。でも、自分はどうしてもあのレースの場に行き、ひと目でも見たい、あの雰囲気を感じたいです。そこまで体力がもつか、という問題もありますが、なんとか行きたい。すごい力になるんです」

中村は選考会にも来た。「今度は大浜海岸で三上の姿を見たい」。その言葉を聞いた三上。

「今、できなくなったと仰《おつしや》ったけど、僕はできる。なら、やるしかない。『あの時、やっておけばよかった』はよくある話。それを『時間がない』とか『お金がない』とかもっともらしい言い訳をつけるんですけど、お金がないなら使えるところまで使えばいいし、時間がないなら、とりあえず１００あるうち５でやればいい。できる範囲でやる」

中村は三上のゴールシーンを見に自力で大浜海岸へ行こうと、１日３０００歩の歩行トレーニングに励む。その歩数は日ごとに減っているが、欠かさない。再び、三上。

「自分のためだけだと、限界があってメチャクチャしんどいです。つい都合よく解釈して、『今年じゃなく、来年頑張ろう』なんて思います。けど、中村さんに『今年頑張れ』と言われると……。その応援をプラスの力に変えれたらいいなと思います」

三上は中村の応援をテコに、ペースを上げて三伏峠を目指す。

その後方に久保。前日、仙塩尾根で眠気に耐えられず、時間を確かめずに休みすぎた。熊の平小屋で松本、稲崎に追いついたが、そこでこの先コースタイムの65パーセントで進まないと、三伏峠の関門を越えられないと知る。厳しいが諦めたくはなかった。塩見岳の山頂近くでスマホの電波が入り、そこで２０１８年完走者・近内のツイッターを目にする。

〝まだ3時間半ある。下りを走れば何とかなる。諦めるな〟

眠気とマメの痛みは吹き飛んだ。一気にスピードを上げる。

「とりあえずここまで来たので、関門引っかかるまでやるべきだなと思ってます」

「いけるかもしれませんよ」と歩荷の岩崎。

久保はこの先、土井を上回るペースで足場の悪い中を飛び跳ねるように突き進む。

途中、登山者のパーティーとかち合った場面では、しっかり立ち止まって大きく頭を下げ、先方が譲る意思を示すのを待ってから、ゆっくりとすれ違った。

やがて、カメラマンの濱野が後方の選手を追いかけるために離脱する旨を告げると、久保が颯爽と右腕を掲げてポーズを取る。

「カメラマンさん、超速いっすね」

こちらを気遣う一言を告げた久保は、そのまま木々の間を抜けて走り去っていく。


午後4時22分、三上が三伏峠へ。塩見岳からコースタイムを40分上回るスピードで走り、関門を突破。キャンプ場を借りて長めの睡眠を取りたかったが、ルール上、17時にここにいてはいけないと予想外のことを宣告され、何度も聞き返す。スタートしてから一番、精神的に参った瞬間だったが、そんなことを考えても自分を追い込むだけなので気にしないこととした。市野瀬を出てからケアしていなかった皺だらけの足裏にクリームを塗り込み、次のキャンプ場がある高山裏避難小屋を目指すことにする。

三上が出立しようとすると、入れ違いでやってきた選手がいた。久保だ。

猛ダッシュが功を奏し、関門の閉鎖15分前に走り込んだ。大きく、腕を突き上げる。

「よっしゃ。よかった。本当は、諦めてたんですよ。無理だと思って。行きます！」

スタッフから「行ってらっしゃい」の声援を受け、数分の滞在で三伏峠をあとにする。


その後ろには松本がいた。濱野が追跡していた。松本には妻と娘がいるという情報を得ていた濱野。その二人も知らない姿を自分は追いかけているんだと考えると、よりしっかり撮り切らなければという心持ちになる。

「海から海の間にある日本アルプスを全部つなぐっていうのは、壮大ですよね。野山を駆け抜ける喜び、というんでしょうか。単調なアスファルトの上じゃなく、こうやって石ころが転がってる所を、自然の形状に合わせて足を置くなんて動きが単純ではない。草原とか岩場とか、いろんなシチュエーションがあり、変化があって楽しいです。最終的には『爽快』という表現に行きつくのかもしれませんが、自然との一体感がいいですよね」

50歳にして、その自然の中でどこまでできるか試したいという松本が、時計を見ようとせず、樹林帯をストックを突き刺し、歩み続ける。三伏峠の手前、三伏山を通過する前に濱野が腕時計をちらっと見ると、すでに17時５分を指している。松本もそのことはわかっている。濱野が一言だけ、質問を投げかける。

「松本さん、絶対に休まないですね？」

「そうですね。もう、リタイアですからね。最後まで頑張らないと」

三伏峠には関門閉鎖時刻から12分遅れで到着。スタートから２８０キロ、力を尽くした。

「６日間、本当にいろいろ応援していただいているのに、これで終わりになって申し訳ない。いや、燃え尽きましたわ、はい。ありがとうございました」

清々しい表情を浮かべ、一言一言、噛みしめるように言い切った松本が勝負の場を去る。

その松本より後方にいたのが稲崎。塩見岳より先へは一度しか訪れたことがない。樹林帯に入り、自分の位置がわからずスマホを何度も見ているうちに時間をとられた。６日間で２５０キロを走ってきた。疲労で頭が回らない。胃腸の調子を崩すことはなかったが、睡眠不足にたたられた。カメラマンに語りかける。

「コースタイムで2時間半。残りは………5時……もう5時です」

「5時になりました？」

「うん、もう3分で、5時です。よしっ、とにかく小屋まで行きます」

午後6時25分、三伏峠へ到着。最後は一生懸命走り通した。

「すいません、力不足で。眠さが一番きつかったかな。序盤からペースが作れなくて、初日から借金生活。1日4時間睡眠取ろうと計画立てたけど、初日だけ3時間くらい寝られたかな。それ以降は1日の行動時間が24時間じゃ足りなくなって。体力的にはまだまだ走れる足は残ってる。でも、ここで関門に引っかかるというのが僕らしいんですかね。完璧じゃないところが」

稲崎が憧れの舞台から去った。この日、合計3人の選手がリタイアした。

三伏峠の関門閉鎖の時刻が迫り出した頃、土井に続く選手が大浜海岸のゴールを目指していた。まずは木村。石尾が木村に抜かれたことに気づかなかったように、木村もいつの間にか石尾を抜いていたことを井川ＣＰで知って驚く。そこで30分過ごして、井川ＣＰを出発する。さすがの木村もこのレース終盤、疲労が蓄積したせいか幻覚を見た。地面が明治維新直後の浮世絵のように見え出した。写真を撮ってあとで確かめたが、石が転がる道路だった。

壊れてもいいから、行けるところまで行く。強い心でロードを進んだ。静岡駅の地下道では、びしょ濡れ姿の自分を見た人から「あと少し、頑張ってください」との声援も受けた。せいぜい時速5キロくらいか。スピードは上がらないが、止まらないように進み続けた。

大浜海岸が見えてくると、知り合いが大勢待っていた。胸がいっぱいになり、涙があふれ出る。疲労から来る浮腫も重なり、顔はもうすっかりくっしゃくしゃになっていた。

「全力を出し切って完走する」

その一念を貫いた。午後2時7分、ゴール。

その木村を追っていた石尾。誰よりも勝負にこだわった男は終盤、大きくペースダウンした。気持ちでも走力でも、木村には完敗したと思わざるを得なかった。

「頑張って追いつきたいと思ってやってました。でも市街地に入られて、距離は全然縮まるどころか広がっていたので、『ああ、やっぱ強いなあ』って。それを確認できたので、すっきりして、よかったです。自分は基本、失敗するんです、最初。でもそこで腐らず、次につなげようともがいたりあがいたりすることで、結果として元々希望していたのとは別の形で、よりよい方向に物事が流れていったり……」

歩きながら話を続ける途中、横を走る車からの応援を受け、「あざーす」と礼を伝える。

「だから、今回もそうなんですけど……」

信号待ちで立ち止まる。一語一語、ここまで丁寧に紡《つむ》いでいた石尾、次の言葉が出てこない。じっと、30秒ほどが過ぎる。視線は宙空をさまよい、まばたきの頻度が上がる。目尻から大粒の涙が流れ落ちる。それを右手の指で押しとどめようとするが、止まらない。今度は右前腕部で顔全体を覆い、そのまま立ち続ける。

「……大学の時は悔しかった。それをそのままで終わらせずに、何か別の形で実現できるんじゃないかなと思ってこの大会に出て……出れてよかったなと思う」

涙を止められない。石尾はようやく、信号を渡り出す。

ゴール1キロ手前から、石尾は仕上げとばかりに走り出し、横断幕へ向かって一直線。

荒い波が打ちつける大浜海岸にゴール。午後5時51分。海にタッチし、海水を口に含む。

「太平洋の方が、ちょっと……薄い気がします」

石尾の表情に、すっかり笑みが戻っていた。

そして望月。畑薙へ下りてきたのは、この日の午前5時だった。旧知の知り合いがいた。

「がっぽり、記録破られたぞ」

「まあまあ、あれはあれで」

望月も苦笑しつつ、適当に返す。何より、表情が明るい。

「めっちゃゴミ拾いしてきました。晴れるように。きっと晴れるんじゃないかと思って」

生憎《あいにく》、逆に雨が降り始めるが、カッパを被って走り出す。軽やかな走り。

生まれ育った井川の集落へさしかかる。いつもながらホッとする。見知った顔の人たちが大勢、そして母の仁美《ひとみ》が待っていた。目配せをして、通過する。

「やる気が戻ってきて、最後まで頑張ってチャレンジするんでしょう。ぐっときちゃうね」

レース中、望月から仁美へ直接の連絡は入らなかったが、周りから情報は聞いていた。44歳になった息子を、堂々と応援した。

望月は雨の中、走りながらも語る。

「俺、何日か前にすごいこと言ってたな。『もうやめる』とか。ははは。そういうの、山に捨ててきました。年齢とか体調とか、いろんなこと言ってましたけど、『そうじゃねえ』って。自分の中で限界まで挑戦できれば、納得の行く走りができたら、それでいいんじゃないかって思ってます」

「いつもの望月将悟になりましたね」

北條が、望月に実感を込めて語りかける。望月は、先の先まで知り尽くしたアスファルトの道を走っていく。道路上を走る選手を初めて見たのが、もう10年以上前だったか。偶然見かけたボロボロの格好の選手たちに二言、三言、「頑張ってください」と伝え、その2年後、その憧れの選手たちと競い合い、今では自分が憧れの眼差しで見られるようになった。少しは、あのまばゆかった選手たちに近づくことができただろうか。脳裏を時折、過去のレースの思い出がよぎる。

ゴール手前12キロ。勤務先の静岡市消防局しずはた出張所前には、雨の中、知り合いらが集まっていた。

〝将悟！　匡孝！　おかえりなさい！　ゴールまであと少し〟

中央にそう大きく印刷された全長4メートルほどの巨大な寄せ書きが飾り立てられ、左右に望月と大畑の表情が大きい円の中に印刷されている。

「管内、異常ありませんでした」

山岳救助隊の業務に引っかけた冗談を言い、仲間に向けてピシッと敬礼する。上司が手を上げて応える。笑い声が落ち着いたところで、ジョグを再開。沿道には、ずっと人が連なっている。

「途中で望月さんにいろいろ質問をして、苦しめたんじゃないかと思って」

北條が、望月にそう伝えた。望月は「何もかもが、自分にとって糧《かて》になった」と返した。

午後６時、静岡駅前へ。２０１０年の初出場から12年。大会４連覇達成。新記録樹立。さらに２０１８年には完全無補給という、桁違いに困難な挑戦を成し遂げた。

「今、楽しめていますか？」

「最高に楽しんでます！」

歯切れよく言い放つと、望月は一路、大浜海岸へと駆け抜けていった。

やがて海岸から大歓声が湧き上がる。望月が堤防の階段を下り、「よし」と一声上げると白い歯を見せて、駆け足でゴールに飛び込む。

「ありがとうございます。終わったぁ」

I'm back。望月が戻ってきた。憧れのレースを自分の手に取り戻した。

午後６時37分、４位でゴール。

５位は馬場。海岸まで５００メートルという時に、雨がやんだ。

「お父さん、頑張れ」

子どもの声が聞こえてきた。12年間憧れ続けた横断幕が、目の前にはためく。二人の子を抱えて、辿り着く。午後10時51分、ゴール。子どもが語りかける。

「お父さん、水風船くさいよ」

「それっていい匂いなの？　いい匂いなら……いいや！」

完走後には、ふと一人で思い出して、ニヤニヤしながらビールを飲みたいと書き送ってきた馬場。しばらくは好きなだけ酒を飲めそうだ。

もっとも、すぐさま次なる挑戦を探す冒険の旅に出るのかもしれない。

「今までの自分ができなかったことを、できるようになること」

馬場はチャレンジについてそう考える。次のチャレンジの対象はテレビゲームかもしれないし、親の介護、子育て、あるいは仕事の昇進争いかもしれない。なんだっていい。レベルに関係なく、どんなことにも挑戦することが素晴らしい。馬場はそう考える。これから先、どんな冒険が待っているだろうか。

6日目までを終えて、完走者5名。リタイア者6名。19名が「GREAT ENDURANCE」の横断幕をその手につかもうと、依然進み続けていた。残りは48時間。

7日目

8月13日

August 13

「ゴールできないんす」

日付が変わり、最初に大浜海岸へとやってきたのは貝瀬。

富士見峠からの下りでは、土砂降りの雷雨があったかと思うと急に晴れる、といったことが20分おきに繰り返された。そのたびに行なわねばならない雨具の着脱は面倒で気分も参ったが、最後の20キロは気合を頼りに歩ききった。睡眠時間はここまで合計12時間。

どうにも動かなくなった体。それをマシンのように駆動させたのは、昔取った杵柄《きねづか》、競歩スタイルでの歩きだった。ランニングとは動作も異なり、使う筋肉も違う。思いのほか、これが奏功し、苦痛が和らいだ。

台風による豪雨の中、仲間の応援を受ける井出善啓選手

大学に入って続けた競歩は、最後の日本選手権を12位で終えた。故障続きの中での不本意な記録で、悔しさばかりが記憶に残る。だが、その悔しさは大きな挑戦をしている今の自分につながる。ついいろいろと諦めてしまいがちな過去の自分から、変わってきているのではないか。そんなことを、ふっと考えた。そして３５０人がインスタライブで見守る中、前年は辿り着けなかった大浜海岸へ。

「ありえない世界」と当初は距離を置いていたレースでの完走。涙があふれ出す。この気持ちはどこから来たものか。背中には、一緒に日本海からここまでやってきたザックがある。

「この土砂降りの中、ゴールに帰ってきたことを先輩が喜んでいる顔が、目に浮かびますね」

午前0時40分、ゴール。

野寄が続いた。

雨の中、夢にまで見た目標の地へ。ダッシュに近いスピードで駆け抜ける。

「来た！」

「1時9分、ゴールです」

「ありがとうございました」

最後のロードでも幻覚や寝不足に悩まされたが、大好きなザ・ブルーハーツの『情熱の薔薇』を歌って自らを鼓舞し、難局を乗り切った。大勢の仲間からのメッセージが描かれたヘルメットを被り、それを糧に走り抜いた。少しずつ積み重ねて手繰り寄せた完走。

「ＴＪＡＲとは生きる希望だ」と言う野寄はレース後、２０２２年10月末に発行された『ＴＪＡＲ２０２２ 大会報告書』に、こう記した。

「一瞬一瞬を精一杯生きること。全ては日々の積み重ねであること」

本当の限界は、まだ先にある。野寄はこれからも、チャレンジャーであり続ける。


二人に続いて、陽気な牧野が憧れの横断幕をその手に握った。

前夜23時頃、牧野は実家のある静岡市葵区牛妻地区付近に達していた。百間洞を過ぎたあたりで左膝を強打して悶絶したが、膝が痛くても後悔のないようにと全力で走ってきた。雨の中、ヘッドライトを灯した牧野の到着を待ち受ける者たちの姿があった。

「ライトが見えてきた！」

「ここ、ゴールかのような感動があるんだけど」

牧野の母と姉、そして父が、母特製の看板の前に並んで待ち受ける。ＴＪＡＲが大好きな母は、２０１６年大会から4大会連続で選手たちを励ましたいと、看板を作ってきた。縦1メートル弱、横2メートル弱ほどのサイズに『ＴＪＡＲ限界突破』と大きく書いたもの、そして牧野高大と名前を記したものもある。母が事前に〝牛妻出身、牧野高大ＴＪＡＲ走ります〟との回覧板を回していたこともあり、近所の人々も駆けつけていた。1週間ほどかけて母が作ったベニア板製の看板に牧野が触れる。

「ゴールみたいな赤ですね！　まだ15キロあるんだけどね。いい景色じゃないすか！」

「やったー、まだだけど、1個《いっ》めのゴール」

姉が泣きながら牧野を出迎える。知り合いが看板の前で、家族4人の写真を撮る。

「雨で看板の文字が剝がれる前に、と思って走ってきたから」

「ゴールしたら何したいかって聞かれ、『シャワー浴びたいです』って言おうかと思った」

「シャワー、浴びてる！」

雨が降り続け、もうこれでもかというくらい天然のシャワーを浴びていた。そんな他愛もない話を5分あまり交わす。後続の大畑がやってくるという話になり、出発することに。

もう、ゴールはすぐそこ。


「お待たせしました」

先回りした母と姉が、大浜海岸の堤防の階段の前でうちわと応援幕を手に持って、待っていた。

「おめでとう。今度は本当のゴール！」

牧野の頬を涙が伝う。午前2時36分、ゴール。瀬川が家族の記念写真を撮り、感想を聞く。

「一番楽しかった。ＴＪＡＲを応援した中で一番面白かった。すごい楽しかったね」

母がそう言い、横で姉が黙ったままうなずく。そして、母がさらなる一言を発する。

「もう1回、行ってきな！」

翌日、牧野は大浜海岸で、残ったランナーの応援に来ていた竹内に出会い、告げる。

「ゆくゆくは30番を背負いますよ」

「栄光の30番にしてくれよ。最後まで生き残った奴が30番だからな」

貝瀬、野寄、牧野の３人が大浜海岸へ着いた頃、南アルプスの稜線上には強風が吹いていた。台風が接近し、このまま進めば直撃は避けられない状況だった。

この時点で、最後尾集団は三伏峠を過ぎて進む野田、三上、久保、井嶋の４名。井川の関門へ向かうには、標高３０００メートルを超える３つの高峰を抜けなくてはならない。

午前２時過ぎ。荒川前岳へ向かって進んでいたのは野田。前日は午後７時30分に高山裏避難小屋へ到着。小屋の外で大きな雷鳴が轟き、戸外の雨音は沢の音と勘違いするほどのけたたましさだった。台風の直撃を知らせる天気予報図を見たところ、風速は18メートルと、大会規定に収まっていることを確認。レインウェアを２枚着込んで一度は出立するが、頭部から体温が急速に奪われていく感覚に違和感を覚えて一度高山裏避難小屋へ引き返す。その後、午後９時に仮眠。３時間後の０時頃に起床した。

後続の三上が横にシェルターを張っていたので、ツェルト越しに話しかける。

「お互い、間違いのない判断をしましょう！」

互いの健闘を祈り、午前１時30分に再出発。

「台風にしては風は控えめなのかもしれないけど、十分危険ですね、これ。僕、体重軽いんでよろめいちゃいます」

切り立った稜線上をヘッドライトを頼りに歩く。風速は毎秒20メートル前後か。森林限界を越え、風を遮るものはない。風が弱まる瞬間を見極めながら、その都度、歩数を稼ぐ。

このあたりはＴＪＡＲ全４１５キロのコース中でも、最も危険度が高い箇所だ。進行方向右手が、１００メートルほどにわたって崩落している。踏む場所はあるが、横から見ると下部が抉《えぐ》れている。この数年間で抉れが進んでいる。昼なら視認できるが、夜間はヘッドライトをつけて用心しないと、足を置いたつもりでも踏み抜いてそのまま滑落、といったこともないとは限らない。慣れたベテラン選手でも危険だ。

この強風下では、風に煽られてよろけただけで、何が起こるかわからない。足にはマメが６つ、７つできて膿《う》んだものもあり痛かったが、些細なことに過ぎない。

「突破です」

野田は最も危険な地点を通過。そこに突風が吹きつけ、慌てて岩をつかんで身をかがめる。

東京都在住の野田。広告会社に勤め、テレビスポットを扱うメディア営業を担当するが、20代の頃にはＣＤを４枚出したこともある根っからの音楽好きだ。

「ここでＤＪをやってました。……けど、あったはずが、焼き肉屋さんに変わってますね。僕も含めて何人かＤＪできる友人とで客を呼びました。小規模ですけど、企画して」

大学卒業後、22歳から新卒で3年ほど、ＨＭＶ渋谷店3階の洋楽ロック売り場で働きながら、渋谷・宇田川町の地下にあったクラブで２〜３カ月に一度の頻度でＤＪをやっていた。名はＤＪＰｉｎａＣｏｌａｄａ。その頃の友人には、有名ＤＪになった者もいる。

「シンプルなのに奥深い。選曲、曲をつなぐタイミング、重ねる長さ、一つ一つにセンス、個性がある。自分はヒップホップ、テクノ、ロック、そうしたものを混ぜて違和感なく楽しく聴かせる、そんな感じのスタイルでした」

だが29歳で結婚する時、お金がなかったためターンテーブルやレコードをほとんど売って20万円ほどを作って、結婚式の費用に充《あ》てた。今は西武池袋線沿いの大泉学園に暮らす。

番組側が事前に依頼したアンケートに野田は「何者でもない感がする」と答えてきた。実際の野田は外見はスマートで、何か不足があるようには見えない。

「何も目標決めてやったことがないし、『自分がやりたいことってなんだろうな』というのがずっとあるんです。誇れるようなものが今までなかったなと思って」

勉強も、仕事も、趣味もそれなりにこなし、なんでもそつなくこなしてきた。子どもの頃から割と冷めていた。小中学校での卒業文集に、夢として何を書いたか覚えていない。そもそも夢とは、実現がまったくできないもの、目指そうともしないそんな類いのものととらえていた。だが30代後半になり、自分の人生に疑問を持つようになった。

「多分このまま年老いていって、幸せだったけど、死んだ時に後悔しちゃう。そんな感じです」

２０１２年の大会期間中、登山に来ていた野田は赤石岳避難小屋にいた。雨が激しく降り、小屋の中の登山者は誰もがヘトヘト。そこに弾けるような表情をした選手が超軽装で飛び込んできた。

その瞬間はどういうことなのか状況をよく呑み込めなかったが、ともかくもしばらく小屋に滞在してすぐに荒天の中へ飛び出した選手の精気漲る後ろ姿にすっかり参った。

「いやぁ、格好いいと思いましたね。人間離れしてました。こんなすごい、やばい大会なのかと。衝撃を受けたというのが、初めてＴＪＡＲと出会った時の実感です」

神奈川県の港町・真鶴で育ち、山へは自然が好きな父親に、イヤイヤ連れて行かれた。小中学校の時は長距離・短距離ともクラスで最下位。とにかく、走ることが嫌いだった。

25歳くらいからクライミングにはまり、10年ほど楽しんだ。娘もたまに連れて行った。ただ、野田は2歳の頃に手を何十針も縫う大けがをしているため、左手の握力がほとんどない。そのため、ある程度までレベルが上がると、小さく細かいホールドをつかまなければいけないクライミングには限界を感じていた。

そうした中で知ったＴＪＡＲ。初めて目標を見つけることができた。ゴールに辿り着ければ、少しだけでも、その後の人生にスパイスを与えてくれるのではないかと思った。

本大会の荷物量を想定して、週2回、９キロの重りを詰めたザックを背負って６階建ての自宅マンションの非常階段を50往復した。懸垂もやった。

マンションの住民には変人扱いされたが、気にしない。

寒さにも暑さにも弱く、ロードは苦手、高山病にもなりやすい体質で、２０２２年２月には膝の半月板損傷を負った。４月後半からようやく走り出し、なんとか本大会に出ることができた。家族は妻と小学1年生の娘が一人。娘は今のところ、山は怖いらしい。南アルプスへ２泊３日で練習に行き、風呂にも入らず戻ってきた時には、娘に「わぁ、臭い」と逃げられた。妻は、大会事務局から「命については自らの自己責任」と連絡を受けても、反対はしなかった。

「無事に下りてきてくれればいいかなあって。でも、この歳になって目標持てるって、うらやましいかな。すごい素敵なことだと思うから、できる限りは応援してあげたいな」

　野田は一方で、妻から「これだけ頑張っているのを見たことがない」と言われた時には、「そうかなあ」とも返していた。いろいろやってきた自負もあるだろう、と取材で自宅を訪れた杉目ディレクターは推察した。「ともかくも」、野田は言う。

「自分が描いた夢、最初はできるはずないと思っても、少しずつやっていけば、いつかチャンスが来るというのをこの歳になって知りました。完走は厳しいかもしれないけど、可能性が1パーセントでもあれば、それを夢にすべきだと思います」

　音楽とクライミングと山こそ、自分がハマっているものという野田が続ける。

「この3つを楽しむ感覚は、自分の中ではすべて一緒です。マニアックで自分に合っていると思います。一つのものを突き詰めていくという言い方もできます。音楽だったらとことん知らないレコードを探したりとか、変なミックスをしたりとか。クライミングだったらパッと見て美しい岩のきれいな1本の直上ラインを見つけて、それを単純に登りたい、と。それと同じでＴＪＡＲは、すごく過酷で危険。大抵の人は何が面白いのかと思うでしょうけど、とにかくひたすらずっとこの道を歩きたい、ここからここまで歩いたら楽しいだろうな、と」

もう一つ。妻は二人目の子を宿していた。間もなく生まれてくるその子のことは、常に頭にあった。野田は完走したら、妻と娘にレース中に考えた名前を伝えたかった。

「一人で歩いていると、考える時間ばかり。このチャンスに名前を考えてます。今回のレース中の地名をつけられたら嬉しいです」

疲労や眠気に襲われている時には「岩男」「稜太郎」など、ちょっと考えるとどうか、と思われる案も思い浮かんだが、本命は「ウツギ」だった。いつもは辛い思いしかしない空木岳。でも今回は、なぜかとても気持ちよく登ることができた。家族に聞くと、娘はイマイチな反応。妻からも「空《から》っぽという漢字を使うのはどうかな」と反対された。まだ時間はあるのでいろいろと考えて、ゴールで家族に伝えたい。

今回、完走を目標に掲げてここまで来た野田。途中、中央アルプスへ向かうロード上では、自らへの不甲斐なさから一人泣いてしまった時もあった。その後は立て直し、雨の中を進まないといけない時には、気分の上がるファンキーな外人のＤＪミックスを耳にして自らを鼓舞した。娘がプラスチックの板で作った〝完走祈願　無事かえる〟のカエルお守りも、きっと効果を発揮したに違いない。午前3時50分、荒川前岳へ登頂。さらに午前4時45分、ＣＰの荒川小屋へ。残す３０００メートル峰は赤石岳と聖岳。スタッフに状況を問う。

「雨雲レーダーを確認すると、ここから南に行けば行くほど雨の量も増えていく」

台風の影響による荒天がこの後も好転しそうにないという、残酷な報せだった。野田は空をしばし見上げると、小屋前に腰を下ろして沈思黙考する。疲れも加わってか、目が泳いでいる。踏ん切りがつかず、時間ばかりが経つ。

野田を撮影していた田中正人カメラマンに、この先の展開を相談する。その田中。

「条件悪すぎますね。これから台風直撃ですから。とにかく生きて帰るのが一番大事」

様々な要素についての考えを述べつつも、決断そのものは野田に委《ゆだ》ねる。

野田は間もなくやってくる久保を待って、話すことにした。ここまで一番長い時間を共にしていたので、意見を聞いてみたい。


約2時間半後、久保が荒川小屋にやってくる。野田から久保に声をかける。

「大丈夫？」

「うお、スタッフかと思った」

野田が久保に天気概況を伝える。久保はその話を聞くまでは先に進むことしか考えていなかったが、いったん冷静になり、しばし黙考する。そして野田が口火を切る。

「僕はこの状況だと、どうかなと思ってるんです」

「俺もさぁ、動き悪くなってきてるとさ、すごい寒くなってきて、低体温になるよね。台風、4、5時間で行くんだったら、ビバークして寝てればよくなる可能性はあるけど」

「でもあんまり待っても、よくなんないんですよ」

そこに後続の井嶋も加わる。久保を見て、陽気に声をかける。

「おお、久しぶり。生き残ってたんだね」

井嶋は槍ヶ岳からの下りで道に迷いそうな時に、颯爽と現れた久保と鉢合わせする。そして二人でいろんな話をしながら槍沢ヒュッテの手前まで同行していた。個性的な久保の語りはとても面白く、興味深かった。その後、市野瀬でも少し言葉を交わしていた。

スタッフが見守る中、荒川小屋の入り口、庇《ひさし》の下に3人が座り込む。

その間にも、雨と風は強くなるばかりだった。ついには完全に足止めされることになった。

「はい、やめます」

やがて、膝を抱えて座り込んでいた久保が、挙手をしてリタイアを告げる。

「久保さん？　そうですか……それは予想外だった」

その場にいたスイーパーが苦笑する。ネット上では〝ちゃら久保〟というニックネームがついていた。個性的な服装の久保は、無茶をしそうなキャラだと思われていたのか。だが久保は、冷静に自分の状況を理解していた。ここまでの区間を踏破するため、コースタイム通りの時間をかけていた。レインウェアの中のインナーウェアも濡れていた。

「フラフラ歩いてきてて、冷たくなってて」

久保の肌が青白い。低体温症の一歩手前だった。現在の体調では先に進めないと判断し、午前8時に久保はリタイアした。

「行きます。視界もあるんで」

その横で井嶋が出立を告げて動き出す。「これ以上の悪条件での経験もある」とスタッフに伝えた。

井嶋は北海道に暮らす。その冬の雪山登山で経験を重ねていた自負もあった。この日の朝の出発時から「道路まで出る」と決めていたので、進退に迷いはなかった。防寒着を着込み、レインウェアも2枚重ね着した。慌てたスタッフがヘルメットをしっかり被ろうとする井嶋の前に立って、注意を促す。

「こういう天候なんで本当に、くれぐれもご安全に、正しい判断でお願いします」

「迷惑かけないようにだけはします。行ってきます」

久保、野田、スタッフらとグータッチをして拍手を受ける中、井嶋が飛び出す。

野田は未だに判断を迷っていた。そこに、台風の進路を心配する妻から電話が入った。

「いつもは連絡をくれない親も連絡を寄越してきて。無理だと思いつつも、その一言が言えない感じです。……言いたくない」

山を知る父親からは、「台風が来ると下山できなくなるので、やめるなら今日だ」とのメッセージが届いた。父には「わかっているから心配するな」との返信を送った。

腕組みして考えあぐねる。到着から庇の下で3時間半、ついに決断を下す。

「体は大丈夫です。赤石だったら越えられる気がするんですけど、ここから先、山を全部行けるかというと微妙な感じがするんで……ちょっと怖いのでやめときます」

午前8時13分、野田がキッパリとした表情でリタイアを決めた。

野田の後方、最後尾にいた三上も台風に苦しんだ。

「休憩しないと荒川中岳は越えられない。選択は間違っていないと思ってます」

前日、三伏峠を出発した直後こそ元気だったが、すぐに体からキレが失われていた。ふらついた時に足を踏ん張れず、何度も草むらに倒れ込んだ。高山裏避難小屋のキャンプ場でテントを張り、3時間ほど寝て休息を取った三上が遅ればせながら、荒川岳突破を狙う。

「だいぶ上は風が強いようですから、十分気をつけてください」

心配した山小屋の主人がやってきて、三上に一声かける。

小屋の周囲は穏やかだが、荒川岳山頂部には暗雲がたれこめている。だが、友人・中村が待つ大浜海岸に行くには、残りの3座を越えて進まなければならない。

午前6時過ぎ、三上が出発する。

三戸呂拓也カメラマンが三上を追って、荒川前岳の登りに差しかかっていた。現実的に、井川の関門に間に合う可能性は低い。三戸呂はそう見ていた。天候が悪化する中、三上の後ろにスイーパーはおらず、三上に何かあった時に近くにいるのは三戸呂だけだった。

前述したように明治大学山岳部で主将を務めた三戸呂は、日本テレビの『世界の果てまでイッテQ!』登山部企画や、三浦雄一郎氏による世界最高齢でのエベレスト登頂にもサポートスタッフとして加わり、同じく今回、番組にカメラマンとして参加している平出和也とは２０２１年12月に、パキスタン北部カラコルム山脈の未踏峰に初登頂を果たすなど、豊富な経験を有する。一方で、自身の加わった登山隊のメンバーが雪崩に巻き込まれて亡くなったこともあり、山の怖さを知り尽くす。

撮影本部からは「選手と関係なく、身の危険を感じたら引き返してよい」と言われていた。しかし三上を置いて自分たちだけ引き返せるのか、三戸呂は逡巡した。

三戸呂が見たところ、三上は疲労と睡眠不足により意識が朦朧としていた。三戸呂自身も若い歩荷を連れていた。実質二人の安全を管理している状況で、先行きに不安を覚えた。

この日のスタートから2時間、三上の足が完全に止まった。やがて、森林限界を越えたところで三上がしゃがんでスマホを取り出し、画面を見始める。

「いやあ、電波通じるかなと思って。……親から着信がありました」

三戸呂が、三上の気持ちを探るように一言、投げかける。

「台風が来てるみたいですね。なので、心配をされたのかもしれないですね」

三上はその後、無言になる。三戸呂も、やはり無言でカメラを回し続ける。

三上はハイマツの陰で風を避けられる場所を選び、スマホと地図をにらめっこしながら、事態の推移について考え込む。大会規定では風速25メートル以上が12時間続く予報が出ない限り大会は続行となり、現状では「続行」だ。その場合、レースを続けるかどうかは選手次第だ。そして5分ほどが経ち、三上が口を開いた。

「レースは棄権します。行くことが自分のためだけになってしまうというのは、この大会に出て競技をしている人間としてあまりよろしくない」

次の関門に間に合う可能性が低く、これからのコース状況、気象条件、体調を踏まえると自力で対応できなくなる可能性が高い、そう冷静に判断を下した。その言葉に、三戸呂はこのレースにかける三上の思いと、誇りを見た。同時に、三上のその判断により、救われたと感じた。登山を、撮影を、ＴＪＡＲを、嫌いにならずに済んだ。

素晴らしい選手の、立派な判断の一部始終に立ち会えた。

三上は自ら、実行委員会へ報告を入れる。午前8時2分、リタイア。

三上は三戸呂らと共に、再び高山裏避難小屋へと踵《きびす》を返す。だが、雨の中、すぐには小屋には入らない。三戸呂に写真の撮影を頼む。

「この避難小屋が入るくらいに」

大会継続は諦めたが、中村との約束だけは守りたかった。

「前のめり感は？」

「もっと、前のめりに！」

片足で立って前方に、前のめりにぐっと重心をかけた姿勢でパチリとやる。

「あ、オッケーです、オッケーです。ありがとうございます」

「中村さんが旅先のランとかでいつもやられていたお決まりのポーズ。どこかで渡したいと思います」

またチャンスはある。中村とは大浜海岸で会いたい。その日まで待っていてほしい。

大会実行委員会はこの日も、スイーパーに天気情報を断続的に伝え続けていた。

台風８号は13日昼過ぎから夕方にかけて静岡県付近に上陸するおそれがあり、静岡県では雷を伴って猛烈な雨の降る所がある、とのことだった。

こうした中、井嶋が赤石岳を越え、聖岳へと向かっていた。北海道大学に在学中は医学部山岳部に所属し、道内の山はほとんど登った。卒業後もキリマンジャロ、ケニア山、モンブラン、アコンカグアなど海外の山へ出向いた。50代になっても一人でパタゴニアまで出かけた。登山をしながら、国内の史跡や城巡りを行なったり、毎年ＦＣバルセロナのホームスタジアムであるカンプ・ノウにサッカー観戦に行くなど、悠々自適の生活を送ってきた。

〝山は、走る場所ではない〟

かつての井嶋にとって、それは自明の理だった。だがある時、たまたま２０１２大会について記された文庫本を読んだことで「死ぬ前にこのレースに出たい」と考えるようになった。そこからトレイルランニングを開始した。時に54歳。今では〝山は、走っても面白い〟と思うまでになった。

２０１８年、２０２１年は選考会落選。3度目の挑戦で、出場の夢を叶えた。あと半年で還暦。近視・老眼で視力が低下している不安を抱えつつも、大浜海岸行きを目指す。

「寝ないで、道まで出たいです」

井嶋の作戦は、山中での台風直撃を少しでも避けるため、とにかく一気に駆け抜けること。

山の中ではスマホのＧＰＳ地図を使うことはせず、若い頃から通してきた流儀に従い、紙地図とコンパスだけを頼りにルート・チェックを続けながら、進んできた。

「なんか、食べたいかな」

麓までコースタイムで15時間。雨が叩きつける中、止まって糧食を喉に詰め込む。

「諦めない。その方が、人生的には後悔しないと思います。諦めたら、終わりです」

稜線上に出ると、強風が吹き上げていた。それでもペースを崩さず、進み続ける。


最後尾のグループが台風に苦しんでいた頃、大浜海岸でゴールする選手たちがいた。

その一人、大畑。

「やっぱ、完走して、将悟さんに『やったじゃん！』って褒められたいですね」

三伏峠を発って、烏帽子岳へ向かう途上でそう言っていた大畑。中央アルプスの登山口で仮眠から目覚めた時、遠目でその姿を見つけたが声をかける隙《ひま》もなく、5分の差で望月を取り逃がした。追いかけようとしたが、憧れの男はすでに視界の先に消えていた。

〝化け物と言っておかしいなら、やはり熊〟

南に入っても、望月には追いつけなかった。憧れのレジェンドは変わらず眩しかった。

途中、カメラマンから、先行する望月からの伝言を聞かされた。

「お前もボロボロかもしれないけど、俺も結構辛いぞ」

それが、ギリギリの状態にあった自分の支えとなった。聖平では死にそうにもなった。眠ったまま歩き、聖平小屋と兎岳の間の稜線で低体温症となり、数分間意識を失った。雨風がやみ、青空になって、幸いにも意識が戻った。

「大会中止基準は確認しましたか？」

そう語りかける女性の声が繰り返し何度も聞こえたが、それも振り払った。

南アルプスを抜けてからのロードでは、足の裏にできたマメとの格闘が続いた。

「メチャクチャ痛いです。ずっと足の裏を自分でナイフで刺してるような、抉り続けてる痛みがどんどんひどくなってますね」


富士見峠を下りてくる途中から、その痛みは耐えがたいものとなった。土砂降りで冠水した道路に足を突っ込んだままの状態で、ずっと走っていたためか。10キロおきに保護クリームを塗ったものの、その甲斐はなかった。

「自分だけすかね、こんな弱音吐いてるの。なんでみんな平気なんだろ。弱《よえ》えなぁ〜」

この6年間、お金も、時間も、家族も犠牲にした。すべてこのレースのためだった。望月の背中をとらえることこそ叶わなかったが、目標としていた完走が見えてきた。苦しさが表情に出ないようにと必死で堪える。

午前3時、しずはた出張所では消防士の仲間たちが応援に出てくれていた。大畑の左腕のアームカバーに〝負けない心〟と記されてある。

「負けそうになったので、将悟さんがヘルメットに文字書いているのを見て、『よーし、真似しよう』とこの文字が浮かびました。負けない心！」

ゴールできたら、自分は空っぽになると思う。次にやりたいことが見つかるかはわからない。でも、まずはゴールしてＴＪＡＲの呪縛から抜け出したい、そうも語っていた。

「やっと終わる！　やっと終わる！　やっと終わる……あと、ちょっと」

感極まり、涙が出てきた。家族たちが大浜公園の入り口で大畑を待ち受けていた。末っ子を抱っこしようとするが、疲れのせいでままならない。階段を上り、そして下りて、子どもと手をつなぎ、ゴール。長男とは拳《こぶし》を突き合わせる。

さっきまで苦しかったのが嘘のような、柔らかい笑みが浮かんでいる。

午前5時24分、ゴール。

大畑はこのレース中、山岳救助隊員としての本分を果たした出来事があった。赤石岳手前で夜、雨の中、道に迷う高齢の登山者を発見した。赤石岳避難小屋に行きたいとのことで、小屋まで同行し、そこにいた山小屋のスタッフに託すことができた。ホッとした。

正午前、続いてやってきたのは林田。なにより、心躍る日々だった。

「自分の挑戦が1本の映画やＤＶＤになるとすると、キャッチコピーは？」と問われた林田。

「まず、頭には《全米》がつきます。あと、《地球滅亡の日》が！　あとは煽って煽って、《食い止めることができるのか！》で〆です」

山上の取材ではそう冗談をかました上で、「大浜海岸とは何か？」の問いにこう語ってもいた。

「海っていうのは、新しい船出の場所。その先に何があるかな、ってワクワクするじゃないですか。大航海時代みたいなものです。海がゴールっていうのは、その先にいろんなワクワクが待ってるってことを示唆しているのかと思います」

スタッフが「さすがに上手《うま》いこと言いますね」と返すと、「Ⓒ《マルシー》は林田でお願いします」と、さらなる名ゼリフを残した。

軽妙なトークで取材陣を煙《けむ》に巻き続けた林田。だが、ずっと楽に進んだわけではない。

中央アルプスで檜尾岳を越え、空木岳を目指す道中では、強い雨風と視界をさえぎるガスの中、体がついてこず、足が動かなくなった。そうした中、日常生活では思い出すこともなかった子ども時代の悔しかったことや、後悔したことが走馬灯のように甦った。気持ちが不安定になり、ついには歩きながら号泣してしまった。

百間平では、レース続行が危ぶまれる事態にも陥った。視界一面に水木しげるの『ゲゲゲの鬼太郎』に出てくる妖怪のような魑魅《ちみ》魍魎《もうりょう》がざーっと広がり、百鬼夜行のように蠢《うごめ》いていた。妖怪たちは「道はこっち」「水は飲まないのか」などいろいろアドバイスをしてきたが、うるさいからと邪険にしたところ「じゃ、教えてあげない」と言われ、口論に。そんな会話を妖怪たちと交わしながらフッと正気に戻ると、さっき通ったはずの標識の前に立っていた。まっすぐ進んでいたつもりだったが……。気を取り直して進み直すと、また妖怪たちとの会話が始まり、同じ標識の場所に戻る、それが何度か繰り返された。

焦りが募り出したところでスマホを取り出すと、妻からのメッセージが届いていた。「無理は絶対しないでね」との文字。我に返った林田はそこから必死で道を探し当て、百間洞へと辿り着くことができた。

南アルプスを下ってからのロードでは、何度もヤマビルの襲撃を受けた。ソックス、レインウェア、さらにはザックの中からもウニョウニョとせせり出てくるたびに、ライターで炙って退治した。

苦しくも楽しくもあり、不思議なこともあった、この上なく濃密な7日間の旅だった。

「好きなことで達成感を得てほしい。山登りみたいに頑張って登ってほしいという気持ちです。そしたら絶対いい景色が見えるから。下山して飲むコーラが、うめえから」

息子には、いつかそのことを伝えたい。いい景色を見られるかどうか、それは心がけ次第。

市街地に入り、敬慕する望月の応援もあった。

「止まると体が固まるから、すぐに行った方がいいよ」

その言葉をもらい、ペースアップできた。台風が間もなく上陸しそうとのことだったが、知ったことではない。前年、不意打ちを食らった中断の悔しさをすべて吹き飛ばしてしまいたい。午前中にゴールしてやろうという意気込みで、全力ダッシュを開始する。

大浜海岸が見えてきた。階段を上るところで足の痛みに耐えられなくなりそうになる。

「お疲れさま！」

そこに、妻が息子の岳歩を連れて現れた。横断幕をくぐり、林田は泣いた。妻も号泣していた。3人で肩を寄せ合い、最高のひと時をしばし共にする。息子は大きくなった暁に、父の素晴らしき日々の話に改めて耳を傾けることだろう。

午前11時58分、ゴール。

そして、井出善啓。

この日も未明から、先を目指し続けた。井川ダムでシューズを脱いだ時には、ヤマビルが7匹飛び出してきた。1時間半ほど仮眠を取り、先へと進む。

「下りがダメなんですよね。腸脛靭帯」

立ち止まって痛みの出る場所を押さえて、何度も揉んだ。スタートから7日間続く膝の痛みは、限界に達していた。大きく見開かれた目が、痛みの大きさを示す。

「厳しいすよね、人生。遠い。ゴールが遠い」

顔を何度もしかめる。目は大きく見開かれ、夜叉《やしゃ》か羅刹《らせつ》のような表情だ。苦しいことが続いてきた中で知ったＴＪＡＲ。その練習もまた、とてつもなくキツかったが、抱えていた雑念はすべて吹き飛んだ。

「最後は根性論がものを言う」と考える井出が、中央アルプスへ向かうロードで語っていた。

「楽しいことなんて、ちょっと。華やかなのなんて、本当に１００のうち１か０・５だよ。ＴＪＡＲだけじゃなくてさ、私生活も、みんなそうなんだよ。でもさ、見とけよって感じですよね。こういう大の大人がボロボロになって、真剣になる日がある。大のおじさんが『お前、こんなクシャクシャになってるよ』って言われたっていいんだよ」

白樺荘を出て24時間以上が経過していた。途中、1時間半ほど寝た。

〝あともう少し〟と書かれたうちわを持った観衆がいる。井出の前に来ると、うちわはくるりとひっくり返された。そこには、「ファイト！」の文字が書かれていた。

ロードで並走した杉目が問う。

「しんどい時、心折れそうになった時、どうやって前を向いてきたんですか？」

「どうやって？　探す！　なんつーの、諦めるとかはなくて、往生際が悪いんだよ。何か方法ないかって、すごい探す。探してきたんだよ。今回もそうだよ」

「序盤で『痛い』と言っていたのに、すごいですね」

井出が、横断歩道を渡りながらハッキリと返答する。

「やめられないでしょ！　だってまだほら、動くし」

母親と娘二人が揃いの白いカッパを被って、大浜海岸で井出を待っていた。

「すごい……。いよいよって感じだね。ばあば、下行っとく？」

娘たちもそわそわしながら、父の〝帰還〟の時を待つ。人だかりができてきた。井出の姿が見えてきた。痛む足を庇うようにストックを突いて、一歩ずつ。

「うぉー」

堤防の上で絶叫した。痛む足を気遣って、ゆっくりと階段を下りる。ゴール手前で立ち止まり、砂浜の文字に気づく。「イデオカエリ」と大きく記されていた。

ゴールをくぐった時には逆に、涙ぐんで声が出ない。母の元に行き、握手をする。

「よく、頑張ったね」

母が涙する。井出は海に向かい、波に手をひたすとゴールへと戻る。午後5時11分。

「ゴールと同時にスタートが始まると思うんです。自分の中のスタート地点に立てます」

そう語っていた井出。一度は真っ白になった、人生のカンバス。これから家族たちと、そのまっさらなカンバスに何を描くのか。


台風による雨風は、徐々に収まり始めていた。大浜海岸は変わらず多くの人出で賑わっていた。続いたのは保田直宏。ここまで降りしきる雨ニモマケズ、幻覚・幻聴ニモマケズ、進んできた。茶臼小屋からの下山途上にある横窪沢小屋近くでは、苦労して張ったストックシェルターの中で、うとうとしながら作ったカレーメシをぶちまけたが、草と枯れ木の混じった土気たっぷりのカレーを手でつかんでは舐《な》め、エネルギーを確保した。そこから85キロ。あとは砂地の続く岸辺を数十メートル走り抜けば、横断幕をその手につかめる。だが、様子が変だ。

「飯島さん、いますか？」

訝しむ関係者らに向かって3回、同じ言葉を繰り返す。

「ゴールできないんです」

「なんで？」

「あの……携帯が壊れまして。台風の雨で壊れちゃいました」

ゴール前での、思わぬ自己申告。この日の午前、富士見峠でスマホの電池残量が60パーセントあることを確認し、ＧＰＳを見ようとしたがうまく作動しなくなった。この時には辛うじて電話はできる状態だったが、30キロほど進んだところで再び確認すると、完全に電源が入らなくなった。「スマホなどの携帯端末で必ず連絡が取れるようにしておくこと」が、大会ルールとして定められている。足に力が入らなくなった。

「ここまで来たら、行くしかないでしょう」

安倍川を渡る玉機橋の手前で大会顧問の岩瀬と出会い、励ましを受けて気を取り直した時もあったが、気持ちが定まらず、応援者がいる前で泣いてしまった。

雨は容赦なく降り続いていた。肉離れと足裏の痛みも抑えきれず、ついには走れなくなった。海岸に至る信号の前で一度泣ききろうと涙を流して、大浜海岸へとやってきていた。

カメラ数台に囲まれる中、泣き笑いしながら、立ちつくす。天を仰ぎ、取材陣の質問に答えながら、うなだれる。気が一瞬緩んだのかストックを倒し、ゆっくりと拾い上げる。

そこに、小走りで一人の男性が近づいてくる。パーカーのフードを目深《まぶか》に被った飯島だ。

「携帯が、20キロくらい手前で壊れて……」

「充電してもダメですか？」

保田は首を横に振りながらもう一度、試す。

何度かバッテリーを差し直して反応を見てみるが、無反応のまま。

「……ダメっぽい」

「まあもう……いや、よかったです。でも、来れて」

ここで飯島は、すぐにリタイア宣言をしたりはしなかった。

「つかないのであれば、『携帯、最後まで使えるように』というのがルールなんで、完走にはならないです。ですので、完走をどうしてもということならば、買い直すとかそういうことになっちゃいます」

「いいんですか？」

「それは可能です」

　保田は飯島の話を聞きつつ、電源ボタンを押すが、やはりつかない。

「そんな……あの……買いに行けるほどの体力はもう残ってないんでやめます。ありがとうございました」

　この時、18時。まだ携帯ショップは開いている。だが、体力も気力も、とうに限界に達していた。保田は長身の体を折り曲げ、顔を手で覆う。抑えていたはずの感情が昂ぶり、体が震える。インスタライブには保田を応援するメッセージが流れ続けている。

「ドコモショップ、どこにあるかわからないっすもん。どこをあてに探したらいいのか、携帯も使えないし、誰に聞いたらいいかもわからないし。疲労困憊で動けないです。これだけで十分です。どうもありがとうございました。すんません」

　飯島は後ろ手を組んだまま、じっと動かない。保田は必死に取り繕おうと笑みを湛えつつ、何度も飯島に頭を下げる。飯島はそれでも動かず、ただ目を見開いている。

　保田は体を前後に動かしながら、辞去する旨を繰り返し伝えようとする。2年後、4年後、もしくは10年後、ゴールに辿り着けるチャンスはまだ、ある。その時でもいいのではないか。保田は内心、そう考えていた。

スタッフが、一瞬生じた間を見計らって、合いの手を入れる。

「ビバークして、ひとまず休んだらいいよ」

飯島が言葉を重ねる。

「時間はありますね」

さらに数秒あけて、続ける。

「一日、あります」

周囲からも「24時間以上ある」との合いの手が入る。保田は判じかねるように手元の時計をチラリと見る。取り囲む誰もが固唾《かたず》を呑んで、保田の決断を見守っている。

「とりあえず、さまよってきます」

保田がゴールの逆方向に歩む。小雨がぱらつく中、大浜公園出口近くにある飲料の自動販売機の前で一度腰を下ろし、靴を脱いで足のケアをしながら、ひと息つく。足の裏はすっかりふやけてマメで埋まっていた。スマホがないので、どこに携帯ショップがあるかはわからない。撮影陣と応援者が取り囲む中、飲み物を飲んで目をつむる。

やがて四方八方から、話し声が聞こえてくる。耳の中で他人の声が反響する。眠気に耐えられない。

「あー、疲れた。早《は》よ終わらせて、ご飯食べに行きたい気もします。アイタタタ、ほんまに、もうアホばっかしてるな」

また雨が強まってきた。雨粒が容赦なく保田の頬を打つ。その時、飲料を飲み干した保田が自動販売機につかまって立ち上がる。周囲から声援が飛ぶ。

「頑張れ、保田！」

レースを目指すきっかけを作った上司もやってきて、声を張り上げた。その上司は事前取材時に言っていた。

「彼、メンタル強いですから。仕事を一緒にしていて、実際やり始めたら気持ちが折れませんから。最後、苦しくなっても、メンタルの力でどうにかゴールに行ってもらいたい」

保田が大浜海岸を背に、市街地へストックをついて戻り出す。ジュースを飲んでいる時、たまたま近隣に中古携帯販売店があることを耳にしていた。それを頼りに歩き回り、どうにか辿り着き、店内で数分ほど品定めして商品を選び、ＳＩＭカード交換の手続きを済ませる。店舗外に出ると、人だかりができていた。

「買えました。ありがとうございます」

保田が報告をした。必携品紛失で失格となった西田も応援にやってきた。励ましの言葉をもらい、3時間半後、大浜海岸に戻ってきた。

最後の信号を渡り、進むと上司が待っていた。他にも、大勢の人たちが待っていた。

「やった！　やったぞおい！　行こう、行こう、行こう、行くぞ！」

「行くぞ！　やっと行ける！」

甘えん坊、保田の表情に笑みが戻っていた。インスタには月、雷も祝福、とのメッセージが流れている。歓声に迎えられ、一歩一歩進みゆく。

「ああ、やったあ。きつかった、最後が一番。いやもう！」

目をしばたたかせて、横断幕を力強くつかむ。午後9時53分。

「これにやっぱ憧れてましたよね」

「もっと、触っとけ！」

周囲の応援者があれやこれや言う中、飯島がすぐそばにやってきた。

「あのまま諦めちゃったら、どうしようかと思った」

保田は差し出された手を握り、礼を言おうとしたところで感極まる。言葉でなく、視線でもってレースからの撤退を引き留めてくれた飯島の思いが、胸にこたえた。

周囲から拍手が鳴りやまない。涙を流すが、幸せの空気に包まれる。「念のため、スマホの電源が入るかどうか確認しよう」と飯島が言い、どっと笑いが上がる。

会場には、大会中にレースをやめるようにと保田にメールした母親の姿があった。1回目のゴールには間に合わなかったが、妻と共に保田のゴールの姿を目にすることができた。

「『もうやめなさい』と言ったら、うちに電話をかけてきてね、怒ってました。『大会が中止にならない限り、僕はやめない』とか言って」

「今まで、そんなことあったんですか？」

「ないです。ぐーたら息子ですから。こんなんしたの初めてかなあ。マラソンを始めてからですよね。こんなにしっかりしてきたの。人間って変わるんですよね。そう思います」

この保田のゴールシーンについては、撮影クルーにとって悔やんでも悔やみきれないことがあった。保田が大浜海岸から市中に戻ってスマホを購入し直した顛末を撮り逃《のが》したのだ。ゴール前には杉目ともう一人、撮影スタッフがいた。杉目はこうした大規模な番組撮影に従事した経験が浅かったことから、保田がスマホを買いに街に戻ったあと、追うべきか否か自分だけでは判断がつかずに一度、数キロ離れた撮影本部へロケバスで戻って指示を仰ぐことにした。本部詰めの国沢、深堀両プロデューサーからは「後続の駿谷のゴールが近いのでそちらを優先し、撮り逃さないよう」との指示が出た。杉目も、保田がスマホを探しにいく間に駿谷がやってきて、その後に保田が戻ってくる、という編集を自明のものと考え、それ以上食い下がらなかった。

あらましが露見したのはこの後、メイン・ディレクターの北條が撮影スタッフを労《ねぎら》おうとファミリーレストランに連れていき、雑談を開始した時のこと。

「え……保田を追っかけてなかった？」

ロードを進む選手たちを追いながらも、撮れ高が芳しくなかった北條は絶句した。ちょっと贅沢でもしようと、杉目に「ステーキでも頼め」と言った直後だった。

「いいんですかっ⁉」

杉目が嬉々として注文をした直後、保田の件について「撮ってませんよ」と、さらっと話したことで場の空気が一変した。杉目によると北條は〝殺意に満ちた〟表情を浮かべた。

北條にも言い分がある。

「自分たちの商売道具は映像だけ。撮れないと、なんの意味もない。撮ることしか存在証明がないですから。大きな会社ならいろんな部門があるでしょうが、制作会社は映像部門しかないわけで、撮れなかったら商売上がったりです。シビアにならざるを得ません。今回のＴＪＡＲは僕らにとっても大きな仕事で、実力を試される、やりがいのある仕事なので、『なんてことを……』といろんな気持ちが交ざりました。俺たちの懸けてる番組になんてことしてくれたんだっていうのと、なんてことを取材先にしたんだということです。一番表現できるところを撮らないというのは、ある意味、取材先に対しても芯を食ってない取材をしたということになります。保田さんをずっと追いかけて、迷惑をかけている以上、最後の大トロを撮らないと。山の上のコースで会う人たちはみんなこの大会を熟知し、大半は応援者です。一方で、市街地をボロボロの格好の保田さんが歩いて、なおかつスマホショップに入るところを想像してみてください。大会のことをよく知らない人にとっては、得体の知れない人物です。そんな中でも、力を振り絞ってる姿が撮れたら、それこそ、この番組後半のヤマ場になっていたかもしれません」

北條は、店外の駐車場に杉目を連れ出した。

「どういうつもりなんだっ。どうにかできないのか。お前は真剣にやる気があるのか」

杉目は「はい」と答えるしかなかった。

「保田さんがスマホを買いに戻った一部始終が、何も撮られてない」

二人が席に戻り、ステーキが運び込まれたところでみんなに事が伝えられた。早速、緊急対策会議の場に様変わり。調べると、ツイッターには保田が店舗から出てくる姿がアップされていた。瀬川が「防犯カメラに映っているのではないか」と指摘する。杉目がすぐ店舗に電話をして提供の可否を問うたが、「警察関係者以外には提供できない」と断られた。

「大会実行委員会のインスタグラムに映ってるのではないか」との意見も出される。恥を忍んで連絡を取った。辛い返事が戻ってきた。

「えーっ、ＮＨＫさん、撮ってないんですか？」

ステーキはすっかり冷めてしまった。場は凍りつき、カチャカチャというナイフとフォークの音だけが響き渡った。北條は肉の味を何一つ覚えていない。

杉目もここまで、しんどさを感じていた。大学時代に映画を撮っていたこともあり、ドキュメンタリーには元から興味を持っていた。だが、念願叶って入った実際の現場は、とんでもなくキツかった。自分はそこまでしんどい思いをして人に向き合っていきたいのか、そんなことも頭をよぎった。

この取材中に出会ったランナーたちの話を聞いていて、仕事について、自分について、取材対象について、自分の今後の人生についても考えた。何が取材者にとってよいことなのか。取材対象者に負担をかける以上は、中途半端な優しさや配慮をしてしまうと、結果として何にも使いようのない映像しか撮れないことも学んだ。

保田のゴールにもらい泣きしているだけでは、全然ダメだった。杉目にとっても、今回の番組のロケは壮大な「旅」となった。選考会直前の6月にメンバーに加わることが決まってからは、1日2キロ走り込んだ。駅と会社では階段だけを使って鍛えてきた。保田の姿を追えなかったのは悔しいが、ここからは最後まで、選手に食らいつくだけのことは、最低限やりたい。すっかり冷めたステーキを、飲み込んだ。

保田がスマホを探し求めている間に、駿谷明宏がゴールした。

「苦しいレース中にその苦しさを忘れ、時間感覚があいまいになる時がある。応援を受けてると、そういうパワーが出て、モチベーションが湧いてきます。足の痛みもなくなってくるんです」

「チャレンジ精神が誰か、知らない誰かにでも伝わればいい」と語っていた駿谷。

南アルプス以降の道のりでも、聖岳からの下りでは、応援者の前で激しく転倒して泥だらけに。茶臼小屋では無情に降り続ける雨の中、ツェルトを設営。エマージェンシーシートを体に巻きつけて寒さに耐えた。山を下りて井川のロードを走っていた時には、深い水たまりがあってそのまま突っ込んだところ、その底に目視できない段差があり、左足首を捻挫。はずみで大きく転倒した。半身が顔から泥水に浸かり、動けなくなった。すぐ後ろには車がいたが、中の人間が全員こちらを見ながらゆるりと通り過ぎていった時にはすっかり参った。富士見峠ではショートカットをしようとしたものの途中で登山道が消失。考えてもいなかった藪漕ぎをする羽目に。山岳会でバリエーションルートを進んだ経験がものをいい、地図を見ながら地形を見極めて里に出ることができた。

最後は沿道からの「スルさん！」と呼ぶ声援に力を得て、ゴールまで走り続けた。

「GREAT ENDURANCE」の横断幕は、レースを初めて知った時に感じたほどには遠くにあるものではなかった。

やるか、やらないか。その一歩を踏み出せるかが大きいと語る駿谷。ついにゴールへ。

「信じられないっすね。こんなことできるなんて」

挑戦の志はきっと連鎖する。最初で最後のレースを終え、駿谷の表情は満ち足りていた。午後9時41分。

7日目、最後にゴールしたのは佐藤崇樹だった。

南アルプス終盤。荒川前岳手前の大カールへ差しかかろうとする頃、心の中では、少々頑張ってもすべては何も変わらないだろう、と消極的なことを考えそうになった。

そういうことを考え出すと際限なくそちらに引っ張られてしまう性分だった。だが、まったく異なる気持ちが新たに心に芽生えていた。そんな生半可な気持ちで完走できたとして、どんなツラをして息子に「自分は頑張ったぞ」と言えるものか、と。

そんな強い思いを抱いたことはこれまでなく、佐藤は我がことながらとても驚いた。

そこから気持ちを切り替えた。聖岳にとりついてからは、「目の前に見える頂は、すべてを偽ピークである」と思い込み、どこまででも登ろうというつもりで進んだ。聖岳を越え、南岳を登り始めた頃には、登山道は一面水浸しで、オマケに雷・暴風も加わった。南アルプスの山々は自分を下山させないつもりか、というほどの勢いだった。

南アルプスを下りてからも、レインジャケットを途中で落としてしまい、ロードを3キロほど戻るなどのハプニングがあった。だが、キロ5分を切るペースでひた走り、そのアイテムを見つけると、返す刀で大浜海岸へひたすら走り続けた。そして、家族のもとへ。

「ぎゅーする？」

汗だらけの自分自身に躊躇するが、子どもを抱っこすると「よいしょー、よいしょー」と持ち上げる。

「パパー。なんでゆっくり、パパ？」

「パパ、いっぱい走って、大変なんだよ」

午後11時48分、ゴール。

この時点で最後尾の井嶋。一瀬カメラマンと歩荷の雨宮が少しの間、追った。雨宮は三度の完走経験者として、選手の順位と、天気状況、スタッフSNSに上がる最新の目撃情報から、自分たちの目の前に選手が現れるまでにどれくらいの時間がかかるかを予想し、ほぼ的中させてきた。ただし、一言言い添えることを忘れなかった。

「寝たら、わからないけどね」

井嶋は雨宮にとって北大の大先輩ということもあり、雨宮はコミュニケーションを取ろうと努めた。雨宮は一瀬と撮影に関して決めごとを作っていた。取材相手との関係性を作るため、20分間はおしゃべりをする。選手の緊張をほぐし、話したいことを話してもらおうという狙いだったが、その間に山をひとつ越えてしまうこともあった。

もっとも、雨宮はやや歳の離れた井嶋を〝難敵〟だと感じた。部活の話題で話が弾むかと期待したが、反応は思ったほどではない。雨宮は妻が札幌出身で、たまに訪れる機会もあるため、「今度、食事でもどうですか」と誘ってみたが、「そうですねぇ」と一言だけ。話が続かないじゃないか、と雨宮は一人、焦った。

井嶋は決してコミュニケーションを遮断していたわけではない。スーパーマーケット「まると」で杉目が話を聞いた際には、「ずっと一人で進んでいるので寂しい」と語っていた。山ヤな性分で食料を持ってきすぎたため、他の選手から遅れがちになってしまったことや、地理的に遠い北海道から参加したということもあって、応援してくれる人が少ないことも気にしていた。

杉目は井嶋を〝チャーミング〟と評していた。撮影スタッフにも「お疲れさま」「大変ですね」といった言葉をこまめにかける。遠くに走り去るカットを撮ろうとすると、何度も振り返って、頭を下げることを欠かさない。

雨宮の片思いが通じなかったのではなく、悪天候下の下り道をそれなりのスピードで駆け下りる井嶋に、時間をかけて返答をする余裕がないだけのことだった。

事実、井嶋は話の内容こそ忘れたものの、雨宮とのやりとりについて〝楽しかったな〟ということは覚えている。

「これは、赤石岳じゃないな」

下見を2回してきた井嶋は赤石岳の登攀途上で小ピークを見て、呟く。雨宮はそこまで徹底して確認するさまが、おかしくて仕方ない。きっと掘り下げたら面白い人だと思うが、台風のため撮影班には、追走をしないようにとの指示が出されていた。井嶋の追走は早々に打ち切るしかなかった。そこが雨宮としては残念だった。井嶋は完走できるのか。下位の選手は全体的に食事を十分に取れていないので、エネルギー不足に陥りやすい。進めない状況にならないとよいが……。そう健闘を祈るのみだった。

その雨宮の懸念は、現実のものとなった。久保、三上、野田らのリタイア後、最後尾となった井嶋にはスイーパーがついた。これまでの登山では、ほぼ単独スタイルで通してきた井嶋。気候条件が悪くても自ら対処してきた自負があり、人に後ろにつかれると気もそぞろとなる。そのため本当は食事を取りたい時にも止まると悪いからと、行動食を食べるのを控えたり、休憩したい時にもそれを控えて進み続ける、ということが何度か起こった。

スイーパーを引き連れたまま赤石岳、小兎岳、兎岳、聖岳を越した井嶋は、風が出ていないのを確かめると聖平小屋近くの分岐で小休憩し、行動食を取る。

だが、上河内岳への登りで日没を迎え、暴風雨が強まるとガスも出て、視界が急激に悪化する。登山道はもはや、川もしくは池と成り果てていた。上河内岳の肩を越えたあたりで井嶋は道に迷う。茶臼岳への道が見当たらない。翌日午前4時の井川CPの関門突破が厳しいものとなってきたことを、実感し始める。風の弱い場所を探してビバーク。だがスイーパーが近くで座り、こちらの挙動を注視している。自分がビバークするのに付き合わせるのは申し訳ない。そう考えた井嶋は、登山道を探して茶臼岳へ行こうと気が焦った。道迷いを二度繰り返した井嶋は、2回目に正しいルートに戻る時に、連続で転倒する。スイーパーからすると、転び方が悪ければ崖から転落していたのでは、というほどヒヤッとするものだった。そのあと、スイーパーがレース中止の判断を下し、井嶋とともに茶臼小屋へと向かった。


「ああ、着きましたね。はあ……長かった」

スイーパーが安堵の声を漏らす。待ち受けていたスタッフが、井嶋に質問を投げかける。

「22時27分茶臼到着です。健康チェックを行ないます。体調管理、○、△、どれですか」

「リタイアです」

「えっ？　リタイアですか？」

スイーパーが横から口を挟む。

井嶋は何か言いたそうだが、口ごもる。

「途中で低体温」

「手を貸したんですか？　どういう手の貸し方を？」

「道を案内するのと、あと、介助」

「井嶋さん、それで理解はできていますか？　22時28分、リタイアです」

井嶋はしばらくの間、沈黙を守った。井嶋としては、寒さこそ感じていたものの、体の震えはなかったので低体温症だとは考えていなかった。ただ、過酷な状況にスイーパーを巻き込んでしまったことへの申し訳なさが募った。

小屋の人たちに誘われるように中に入り、入り口に座り込んでザック下ろし、靴を脱ぐ。スタッフやギャラリーが井嶋にタオルを差し出す。靴下を脱ぐ井嶋に、カメラマンの駒井が聞く。

「どういう状況だったんですか？」

「リタイアなんて思ってなかったんで、さっきまで。ちょっと、ショックです」

このあと深夜、茶臼小屋の食堂で井嶋は一人、真っ暗闇の中でカップラーメンとアルファ米を、泣きながら掻き込んだ。井嶋はこの後「失格」となった。

翌朝、茶臼小屋のＴＪＡＲ掲示板に自らの名前を書き込んだ井嶋。

「はあ、終わっちゃった。スタッフの人たちもいい方ばかりで、本当ありがたかったです。なんか、泣きそうになっちゃう」

井嶋はそう言った端から、再び涙を流した。悔しさが改めて湧き出てきた。自分がこれほどまでに負けず嫌いだったと、考えたこともなかった。

そして、その悔しさを察したスタッフも、つられて涙する。最後まで全力で挑戦をやり抜きたかったはずだろうに、と。風が吹きすさぶ中、井嶋が下山を開始する。

その姿を見送り終わったところで、スタッフたちが話し出す。

「よく頑張った」

「59だとは思わなかった」

「竹内さんが完走した時、58だったから、ここまで来た人の中では最高齢だと思います」

井嶋は下山後、大浜海岸で家族と合流し、家族手製の横断幕を目にする。「祝・初参加・完走」。その〝完〟の文字の上に、〝力〟の布が貼りつけられ、〝力走〟へと変わっていた。

大会７日目、４人が戦いの場を去った。

8日目

8月14日
August 14

「私はいろんなことやったなと思って死にたい」

レース最終日。台風は過ぎ去り、ほんのりと秋を感じさせる風が吹き始めていた。トップでゴールした土井や望月らがすでに日常の暮らしへと戻っている中、大浜海岸を目指す選手たちがいた。佐合、今崎、横井、関、中島、吉川の6名。

先行するのは佐合。0時の時点で新東名高速道路の新静岡インターを越えていた。

佐合は愛知県出身。機械装置の部品メーカーに勤務。生産現場や組み立て現場の改善業務に携わる。1歳の娘が生まれた時には、半年の育児休暇を取得。娘を風呂に入れたり寝かしつけをすることが好きで、時には肌着を作ったりもするほどだ。それほどまでに子煩悩な父親なのだが、それで

子どもたちと一緒に歓喜のゴールをする関淳志選手（左）と横井秀輔選手

も心の中に潜む冒険心を抑えつけることはできなかった。

大学時代はヨット部で全国上位を目指した。社会人になり、日々が過ぎゆく中で、自分をアツくさせてくれるトレイルランニングに夢中になったが、遊びの範疇のことでしかなかった。真剣に何かをやり遂げたいと考え、起業や走っての世界一周などを模索したこともあったが、普通の生活を捨てて飛び出す勇気がなかった。一時、シラケを感じている中でTJARを知った。

「2016年に三伏峠に望月さんの応援に行って、刺激を受けたのが一番大きかったです」

何かに力を尽くして燃え切った感覚……生きがいと言ってもよいかもしれない。それを求めてTJARの舞台に立とうと決めた。仕事をこなしながら毎朝4時に起きて、出勤前に5〜20キロを走り込み、家事もこなしてきた。会社の昼休みには、裏山の山頂まで走りもした。真冬には自ら170キロの草レースも主催する。佐合は、そのイベントも含めて、走ることも仕事も、何かを形作ることはなんであっても自己表現だと考える。

「このTJARがどのような自己表現の場となるか、それが楽しみです」

事前にそう語っていた佐合は午前2時55分頃、静岡駅へ差しかかった。

フラフラで進むのもやっと。ストックを突き、ようやく姿勢を保っていた。佐合はこの時ハンガーノック状態に陥っていた。ものを食べる元気もなく、途中の自販機では冷たい飲み物を喉に通した途端に、寒くて体が震えすらした。

深夜、ホテルを抜け出して応援に駆けつけた筆者は数メートル離れたところから「頑張ってください」と拍手を送ったが、疲労のせいか佐合はただ、ゆらりと進むのみだった。

南アルプスの塩見岳で右足を痛めたのを契機に、肉離れも起こしていた。リタイアも考えたが、それでも水場で太ももを冷やすなど、できるケアを行ないながら、時速3キロほどのペースでここまで進んできた。

「リタイアするにしても、時間があるうちはあがくだけあがこうと思っています。何もせずにリタイアするのは、後悔すると思うので」

公式ホームページには〝完走できるイメージがつかないくらい困難なので、出場を決めた。痛みも困難も受け入れながら大浜海岸へ〟とストイックな文章を記していた。その言葉通り、佐合は自らが憧れたはずの過酷さの中にいた。

２０２２年の5月からは家のことは何もせず、妻に任せっきりになっていた。それでも元々トレイルランナーだった妻は理解があり、家にいると「なぜ練習をやらないのか」と追い出されてしまうこともあった。

三伏峠でインタビューを受けた佐合は、最後に「ゴール後、何を持ち帰れるかは、あと１００キロ先の楽しみ」と話を締めていたが、海岸までの7キロは意地で歩き通した。

「辛かったですか、楽しかったですか？」

「楽しかったです。当然、辛い時間もありますけども、ひっくるめて楽しかったです」

午前5時3分、ゴール。

時計の針を午前0時過ぎまで戻す。

井川の関門付近にはトンネルがいくつも続いている。最後尾を進む吉川が、そうしたトンネルの一つに入ろうとする頃……。

「おおおーい、おおおーい！　よう頑張った！」

進行方向からヘッドライトの灯りがこちらへ向かって進んできた。トンネル内に、ゆらゆら揺れる灯りの主の発する、見知らぬ声がこだまする。

「誰だろう？」

吉川の前に現れたのは、大会2日目、北アルプスでリタイアした竹内だ。２０１６年には自らが越えられずに失格となった、井川の関門。その場所で最後のランナーを鼓舞したい。そう願い、ここまでやってきたのだ。

「いけるぞ、ははは。笑顔が出れば大丈夫だよ。まだ時間たっぷりだ」

「ありがとうございます」

「どうだ、眠いか？　うるさいか、俺が？」

「いやいや！　ものすっごい、元気になります」

この後、しばらくこの調子で〝竹内劇場〟が続く。「寝れば治る」「お天道様上がって明るくなったら、何がなんでも行ける」「でんぐり返ししても匍匐前進しても行ける」と、強気かつ、摩訶不思議なアドバイスが連発され、吉川はいちいち律儀に言葉を返す。

「俺の心がまだみんなと一緒なんだよ。力尽きたけど、一人でも多く完走してほしいよね」

竹内はカラッと語ると、去っていった。

午前1時、吉川が井川ＣＰに到着する。座り込んで足裏を見ると、ふやけてひどい状態になっている。浮腫もすごく、パッと見たところ、足の形を保っていないほどだ。

ここに至るまで、様々な困難が降りかかった。スタート直後、ロードを20キロほど進んだ馬場島手前で、いきなり転倒。スゴ乗越手前でも普段転ばないような場所で半回転の転倒。中央アルプスでの暴風雨……と苦戦しながら関門を越えてきた。

南アルプスの終盤では6日目夜、百間洞を目指す道中で突然、左膝の内側の筋肉がすべて動かなくなった。ようやく着いた百間洞キャンプ場では暴風雨の中でテントを張るが、中に入ってみるとすでに水浸し。水を掻き出すこともできず、マットを水の上に張って着替えて就寝した。台風の影響か、目が覚めるとテントが右に左に激しくはためいていた。治っていてくれ、と念じた左足の痛みは治まっておらず、さらに右足も痛み出す。テーピングをして応急処置を施し、極めて厳しいが完走はできるはず、と聖岳に登頂。その下り道では、雨風と雷が轟く中、ところどころ後ろ向きで下りるなど、コースタイムの2倍ほどのスピードで進まざるを得なかった。

そうして騙し騙し歩んできたツケが溜まっていた。南アルプスを下りてからのロードでも、ちょっと歩くだけで針で刺されたような激痛が全身を走った。少しでも乾くようベビーパウダーを痛むところにふりかけて、コンディションを整える。

さらに、もう一つ。父親がやってきていた。その父から、言伝《ことづて》があった。

「実は、もうそろそろいいかと思うんだけど、ゆりちゃんとゆうちゃんがコロナになった」

「ああ、それ、ショックでかいなー。あああ、そうか、そうか。でもしょうがないな」

大浜海岸に応援に来てくれると約束していた妻と娘が、スタート地点である魚津からの帰りに新型コロナウイルスに感染した。ゴールに近づくまでは、伝えないでほしいと妻と娘は考えていたが、このタイミングで知らされたのだった。吉川は目をつぶるが、気を取り直す。

「ちゃんとゴールしないと。……頑張ります」

自らの言葉を噛みしめるように、ゆっくりと言い切る。

午前2時前、吉川は井川ＣＰを出発する。残りは70キロ。ここから先のロードは、時速4キロでの歩行を貫けば、大浜海岸まで到着できると睨んだ。井川ダムの手前で半袖・短パンに着替え、リフレッシュ。荷物は水を吸い、スタート時点より2キロ以上は重そうだ。だが、行くしかない。


その吉川に悟られないようにと、北條らがくねくねと曲がる山間部の狭い道を、２００メートルほどの距離を保ちながら追走。その後ろ姿を撮影し始めていた。

北條の狙いは、疲労が積もり、耐えられなくなった吉川が寝ようとする瞬間。このまま行けばゴールはできそうだが、もし寝てしまったら間に合わない可能性があった。その端緒を撮り逃すわけにはいかない。寝ずにゴールしてほしい、という思いも当然ながらある。だが、

（寝ろっ……いや、寝たりは……しないか……）

北條は、自分の邪心にくらっとなる瞬間があった。ドラマが欲しい。勝手な念が頭をよぎる。しかし、吉川は寝ようとせずに、ひたすら前へ向かっているようだった。

北條は時折、カメラマンの笘井とともに一服の時を入れた。周囲に誰もいない頃合いを見計らい、選手や応援者からは見えないように気を遣うのはもちろんのこと、吸い殻も落とさない。笘井はレース初日に北條に対し、「紙タバコはやめて電子タバコに切り替えた」と言っていたはずだったが、いつしか紙タバコばかりを吸うようになっていた。

「効かなくなってきたな」

3日目頃からそんなことを言い合っていたが、タバコの量は増えるばかりだった。二人はお互い目を背けながらも、同じことを考えていた。

（ロードで、何も撮れていない……）

大浜海岸までのロードは、晴れていれば太陽の照りつけが厳しく、選手たちにとっては体力をジワジワと蝕まれる過酷なステージだった。逆に言うと、テレビ制作者にとっては格好のステージ。番組のクライマックス。〝面白い〟シーンを期待できる場所だった。

２０１８年大会の番組では、最後のロード上、複数の選手が逆走したり、路上で倒れ、寝込んだりと、憔悴しつつも関門通過やゴールを目指すシーンが話題を呼んだ。ところが今大会では、台風の影響で最後尾の数人の選手が一斉にリタイアしてしまい、ホットな場面が期待できるこの日午前4時の井川ＣＰをめぐるデッドヒートは発生しなかった。

そこで、最後尾を進む吉川のアクシデントを撮り逃さないことが、北條に課せられた命題となった。ここは粘って〝見〟に徹するしかない。

北條と笘井は、何か起こればすぐ駆けつけられるよう、路上をずっと歩き通していた。それでも、休憩は必要だ。一度、車両に戻って飲み物でも飲もう、北條がそう思ってふと後方に目をやると車両が見えない。井川を出てしばらくは、振り向くと視界の彼方に必ず車両チーフ・上田の運転するロケ車両が目に入っていた。それが時間が経っていくうちに、なかなか車が追いついてこなくなっていた。山間部でスマホの電波が通じないので、車を呼ぶことができない。北條と筈井は疲れた体を押して、仕方なくトボトボ戻るしかなかった。そうして数百メートルは歩いただろうか。

カーブを曲がって見えてきた光景に、北條はギョッとした。暗闇の中、上田がロケ車内を掃除するのに使うはずのホウキで、車外に散る落ち葉をガッガッと一心不乱に掃き続けていた。北條はたちまち、ある映像を思い出す。

２０１２年の番組の白眉《はくび》が、現ＴＪＡＲ実行委員会代表・飯島による「草むしり」のシーンだった。最後のロード上、白昼の数時間、出場選手だった飯島は過労でほとんど前に進めず、同じ場所で道路脇の草を突っついたりむしったりし続けた。ＴＪＡＲの過酷さを如実に示すシーンだった。そして今、眼前で見た光景は、構図的にはほとんど同じだった。似た景色が続くと人は幻覚を見やすくなるというが、上田も山間部の曲がりくねった道を何度も往復しすぎて、調子が狂ったのか。横の筈井もビクッとしている。だが、お互いに疲れ切っていて話す気にもならず、黙って上田に近づいていく。すると上田は「どうも！」と何もなかったかのようにこちらに笑顔を向け、運転席に飛び乗る。

「じゃ、行きまーす」

軽快に上田が車を発進させる。今見た光景は、いったいなんだったのか……。

北條が山間部で吉川を追っている間、前方では今崎、関、横井、そして中島がゴールを目指していた。一番ゴールに近い今崎が、ゴールの少し手前でインタビューに答えた。

「どうゴールしようとか、考えてましたか？」

「特にどうゴールしようとか、そういうのもないし、とりあえず日本海から太平洋に辿り着くというだけしか考えてないので、どうなるかわからないですね」

目が大きく、彫りの深い容貌は、さながら俳優だ。通信販売卸売業に携わり、山との関わりは20年に及ぶ。登山仲間からＴＪＡＲについて聞いたのが２００８年。10年前にレースを目指し出して、２０１８年は書類選考で落選。２０２１年大会に続き、２回目の出場になる。クラブに通い、酒を飲み、タバコもやる、体重は83キロで痛風持ち、元はそんな生活を送っていた。アスリートとは対照的なイメージだ。だが、今では酒とタバコをやめ、体重も70キロをキープしている。

このレースでは前後する選手たちが「うおー」「眠くない！」などと声を出すのを聞いて、自分も「ここは危ないぞ危ないぞ」などと呟いたりしながら走ってきた。個人競技なのに、どこか部活のようでもあるＴＪＡＲが気に入っている。クールな姿勢を崩さない。

今崎は撮影陣には終始クールな姿勢での対応を貫いたが、南アルプスを越えて畑薙大吊橋のワイヤーが見えたところではガッツポーズをし、小走りで一気に橋を通り抜けた。

井川ＣＰへの道中では目の前に石が落下。その後も、ないはずの集落が木々の隙間から見える、といった幻覚体験や歩き寝、立ち寝を何度も繰り返し、台風で川のようになった道路を進み、正体不明の野生動物に吠えられながら、大浜海岸までやってきた。

ＴＪＡＲに出るためトレーニングを開始してからの日々が、頭の中で一気に甦ってきた。横断幕を目にして一気に走る。その端をつかみ、涙を堪えながらクールな笑みで、喜びの気持ちを示す。

午前7時37分、ゴール。

その後方には、静岡市街地を二人の選手が共に進んでいた。関と横井。

横井が横断歩道で止まる。痛めた左腿を押さえながら、前方の建物を指さして話し出す。

「うちの会社です。静岡営業所。私は浜松営業所です。ご注文は浜松にお願いします」

「なんのＣＭや！　オールカット」

「オールカット、こんなんカットに決まってる」

と、陽気に漫才コンビのような掛け合いをしている二人。前日の南アルプスから、大変な目に遭いながら、困難を乗り越えてきていた。

聖岳へ登頂し、中島も入れて3人でグータッチして南アルプスも残りわずかとなった。

聖平小屋を経て南岳への登りの時のこと。頭上に雷を伴った雲がやってきた。不安になって見上げているうちに、関は足下の草に引っかかって転倒、ストックを折ってしまう。それもショックだったが、そのしばらくあと、目線の先にある稜線上の岩に落雷。巨大な岩が砕け散った。雷雲が去るのを待っていては低体温症になりかねない。上河内岳を越えれば窪地もそこかしこにある、と極力身を低くしながらスピードを上げて急いだ。

そのうち、落雷の危険は去り、茶臼小屋に到着。川のようになったトレイルを下って、南アルプス行を終えたのだった……。

その後の85キロのロードも、ちっともたやすいものではなかった。

日付が変わったこの日、井川CPを出た横井は眠気覚ましに缶コーヒーを飲んだところ、胃がむかつき出して10歩歩くごとに止まる羽目に陥った。霧雨を照らす対向車線の車のヘッドライトを頼りに進むも、ガードレールにぶつかり、崖に落ちそうになる場面も。井川ダムを過ぎて中島と会い、二人で富士見峠まではショートカットをして進む。関は通常ルートを進んでいた。

横井は事前に〝危険地帯〟だと知っていたが、足下を照らすと数十匹のヤマビルが地面を飛び跳ねながら追いすがってくる。逃げるように富士見峠のアスファルトに飛び出し、靴下や靴の中を見ると、気をつけていたつもりだったが20匹ほどのヤマビルが入り込み、我が物顔で蠢いていた。横を見ると、中島がそのまま寝ていた。

少し明るくなるのを待つと、横井は中島を置いて迂回しながら通常ルートを進み、先行していた関に合流。そこからは、関の提案で電柱から電柱、看板から看板、というように交互に目標物を見つけてそこまで走る、といった変化をつけながらのインターバル走でロードを進んだ。

自社看板についての漫才を披露し終わった直後には、すでにゴールしていた林田が駆けつけた。もうゴール目前との言葉を受けて、力を得て前に進む。二人での掛け合いはやまない。

1時間あまりで大浜海岸へ。もう何十回目かもわからないインターバル走も、ついに大詰め。最後の信号を渡り、お互いに目標を決め、どこまで走るか声をかけあった。

「ゴールまで！」

家族が待っていた。横井が家族から渡されたぬいぐるみの手の一方を関の子どもに持たせる。二つの家族が手をつなぐ形でゴールをくぐる。関が横井の体に触れて、グータッチ。

「最高の旅でした」

「楽しい夏でしたね。今から家族との時間を作らないとね」

二人が熱い抱擁を交わす。午後3時16分。


横井は子どもの作った金メダルを妻からかけられる。横井が喜んで読み上げる。

「ありがとう！　作ってくれたの？　『頑張ったね、パパへ。生きて帰ってこれてよかったね。お疲れ様でした』」

横井はレース中に、次なる目標を狩猟だと言っていた。猟犬と共に、獲物を追って山中を走り回る勢子《せこ》。ＴＪＡＲも完走した自分にうってつけのはず。冒険はやまない。

そして、関。ゴール後、

「ほんと、やりきったんだよな！　やりきったんだなって改めて思いました！」

畑薙からのロードで、関はこうも語っていた。

「なんというんでしょう……ＴＪＡＲをやり遂げたからといって、どんな困難も乗り越えられるわけじゃないと僕は思っていて。なぜなら、ＴＪＡＲは大変なところもあるけど、楽しいですもんね。

楽しい要素があるんだから、乗り越えられる。逆に、やっぱ、人生って楽しいこと一つもないことでもやらなきゃいけないことってあって、そういう困難はやっぱり辛いなあ、と。でも、そういった時に、やっぱり人からの応援とか支えが、人には改めて大事なんだというのは、よくわかりましたね。人はそれぞれできることが違うから、自分のできることで目一杯、社会貢献していけたらいいのかなと思いました」

転倒した際にストックを2本とも折ってしまったのも、今やいい思い出だ。

3人組の一人、中島は2時間半ほど遅れて大浜海岸に姿を現す。

富士見峠に深夜到着後、気絶するようにベンチ下で眠りこけ、起床してトイレの鏡に映った自分の顔を見ると、血まみれになっていてぞっとした。ヒルが口や腹、足の各所に吸いついていた。

「ヒルは2桁《ふたけた》超えましたね。まじかよって。吸うと太くなるんですね。唇と同じような硬さになってて、俺の唇が取れて黒くなったのかと思っちゃいました。レース中の流血量だったらトップかもしれませんね」

中島はヒルを片づけた後、ロード上で「力を込めてどうしても伝えたい」と話し出した。

「ＴＪＡＲって、今の子どもたちの世界から失われていく〝リアル〟が詰まっているレースです。ザックに衣食住を背負って大自然の中を駆け巡って、ご飯を作ったり、テントを立てたりする。子どもたちには『外に出ると寒いな』『テントを立てるのは大変だな』『ご飯は美味しいな』とか、そういうリアルなことを自分の体で感じてほしいと思ってるんですよ」

その〝リアル〟には、なんでもないところで転んで、目の前が崖、もう少しで滑落、という場面も含まれてはいるが、それも含めての冒険、である。

「終わりますね。そして、また何か始まるんですね。この大会で大切な、同じ志、目標、感覚を持った仲間に出会えたので、この経験を支えに今後の人生も豊かにしていけたらと思います」

一つのチャレンジを身をもって体験し、最後まで成し遂げたことで、生徒たちにその思いをしっかり伝えることができるようになったのではないか、という手応えが得られた中島。

最終盤、市街地に入ってからも律儀に話そうとする中島に瀬川が伝える。

「もうお話ししなくても大丈夫です！　サービス精神はなくても!!」

「カメラ向けられると、なにか言わなきゃ。慣れてないんで」

その中島には沿道の観客から三々五々、応援と大浜へのルート情報が飛び込む。だが、右に行け、左に行け、地下を通れ、距離はこのくらい、と話す人ごとに全然違う情報が耳に入り、かえってわからない。試走をしていなかった中島にとって、静岡駅は恐ろしい。思考能力が低下している中で、複雑な道順を整理して、進むべき方向を決める演算処理を行なうリソースが脳内にもはや見当たらなくなっていた。

「なんでこんなことやってるんでしょうね。こんな格好で繁華街をうろついて、ただの不審者です！」

大会出場が決まった時に、登山愛好家だった父親に報告したところ、「そんなもん出るな」と無謀さを指摘された。山よりも静岡駅攻略の方が難儀だったかもしれない。

陽が沈み始めようとする午後6時、中島が大浜海岸へ辿り着く。

待っていた関、横井、そして竹内、久保とグータッチをしたあと、2歳の子どもを肩車して、午後6時3分、ゴールをくぐる。子どもが号泣する。

大会直前、新型コロナに罹り、その間の埋め合わせをすべく、直前の金曜夜まで仕事をこなし、そこから荷造りをしてようやく大会に間に合わせた。このレース中も仕事の連絡がいくつも入ってきて、それに対応しながらの道行きだった。

「サラリーマンですから。大々的に山梨を代表して選手として戦ってきますとか、そういう世界じゃないですからね。物好きであり、もっと言えばただの変態ですよ」

平凡でタフなサラリーマンが、ミッションをコンプリートした。

「ママ、ママ」と泣きわめくばかりの息子は後日、片言で「トランスパン、南アプルス、パパ走った」などと言うようになった。中島は、いつかこのレースについて語って聞かせたいと願っている。

その中島を、少し離れて久保が見つめていた。塩島槙《しおじままき》人《と》カメラマンが近づくと呟いた。

「悔しかったなー」

「でも、まだ挑戦したいと思います?」

「早速、チョット思っちゃったですね。こんな光景を見たら、みんなそう思いますよ」

一方、静岡市・山間部。かなた、前をゆるゆると進む最後尾ランナー・吉川を車の座席から見つめるのは、メイン・ディレクターとして誰よりも気合を入れてロケに臨んできた北條。

「吉川さん、大学が同じ慶應で、私の二つ下らしいです。あの大学を出て、エネルギー関連企業に行って安定した日々を送る、というのはとてもわかる気がするんです。そのことを40過ぎて変えていくのは、すごくエネルギーが要ることだと思います」

元々、登山好きの両親に連れられ、幼少期から山に親しんでいた吉川。幼稚園年長で富士山登頂。小学生で剱岳・立山、槍ヶ岳、穂高、後立山連峰を縦走。中学1年生で大雪山を縦走。２０１４年以降は雪山登山、バックカントリー含め、一年中登山を楽しんでもきた。吉川はまた、４０００人のフォロワーを持つインスタグラマーでもある。百名山のうち84の山を登ってきた。秋には紅葉し、冬には冠雪する日本の山。岩や砂が占める割合の多い海外の山々とは異なる、そうした山々の緑と水の美しさを海外に発信してきた。

さらに、近所のシェア畑での妻子との野菜作りも大好きだ。走ったあと、畑でのんびりしながら農作業に携わっていると、心が安らぐ。

方々にセンスのよさを感じさせる吉川。だが、北條の関心はもっと別のところにあった。

吉川の人生観は、２０１１年3月11日にすべてが変わった。

「原子力発電所の事故があり、当時はそれに少し関わる場所にいました。それまでは、自分が計画した通りの人生でいいんだなと思ってました。小さい時からたとえば、それなりにいい学校へ行って、いい会社に入ってと、安泰にすることが幸せだと思ってたんです」

吉川はその頃のことを、人生の第1章と呼ぶ。体形も今より少しぽっちゃりして、会社に入ってゴルフなどに興じていた。

そして、第2章の幕が突然上がる……。

「そこですべて崩れました。自分が信じてきた、正しいと思っていたことが社会から否定され、世の中が違うように見えました。世の中が、ひょっとしたら全部、自分と反対側にいるような気がしました。私も30代前半でしたので、当時はまだ転職は少ない時代でしたが、考えましたよ。でも、事故に対して真っ正面から受け止めて一生懸命やってる上司がいるのを見て、やはり自分も好きな仕事なので続けることにしました」

生活は激変した。会社は世間からの批判を浴び、それを受け入れなければならなかった。給料は3割ほど減った。それまでの人生で一つずつ組み立ててきた積み木が、一気に崩された。状況をいっぺんに理解することができなかった。あまりにもいろいろなことがあり、そうしたことを自分なりに呑み込むのには半年以上かかった。

吉川は東日本大震災から半年以上経った頃から、ボクシングを始めた。体の中に詰まったストレスを解消したかった。試合にも出た。その後、トレランと出会い、距離を増やしていった。加えて、元々読書が好きだったという吉川。

「山にいると一人の時も多く、自分と向き合う時間があるので楽しいです。それで哲学書を読むようになりましたが、２０００年前の人も同じことを悩んでます。たとえばストア派のセネカ。自分がコントロールできるものだけコントロールしなさい。コントロールできないものは、すべてを受け入れるべきだと。それからドイツのニーチェ。賛否両論ありますけども、ニヒリズム、たとえば生きる意味ってなんだろうと考えた時に、これは人それぞれですが、きっとないんだと思うんですよ。で、ニーチェは〝神は死んだ〟という強烈な言葉から始めてますけど、多分、神がいないから、ちゃんと自分のことを信じて、自分の人生を生きなくちゃいけないんだよと。哲学の神髄って、必ず人間は死ぬということなので、それを突き詰めると、今日、毎日を一生懸命楽しんで生きるべきだ、とそう考えることもあります」

その吉川、２０１６年、偶然北アルプスで出会ったＴＪＡＲの選手に憧れ、出場を目指し始めた。

「レースは４１５キロですけど、最初は皇居の周りを走って膝をケガしました。それが練習するうちに５キロが10キロ、20キロ、１６０キロと。そして今回、いきなり４００キロになりました。とてつもない数字ですけど、限界というのは自分が作るもので、本当はもっと先にあると思うんですよ。そして、みんなそうだと思うのは、誰もが守るものがいっぱいあるのは仕方ないにせよ、それらを取っ払っちゃえば、みんなその先に行けると思うんです。リミットって、自分が作っているもの。それは強い目標ができれば取っ払える。それと、人と比べてこれができるとかじゃなくて、自分が自分の中でこれが好き、というものがあれば、それがその人にとって得意なことですよね。仕事も同じだと思うんです。そして自分が楽しいと思えることをして毎日生きると、いつ死んだとしても人生楽しかったなと思えるんじゃないでしょうか」

吉川には、２０１１年9月に娘が生まれた。あの会社に勤めているというだけで白い目で見られるのではないか、と不安を募らせる中にあって、心の支えになった。遡ること2日前のレース６日目、杉目が話を聞いていた。

「今回、出場にあたってメッセージをもらってるんですか？」

「ああ、ここに」

吉川が帽子を取って、そのつばを見せる。

「もう泥だらけになってるんですけども、娘と妻と、家族です。娘は『今までずっと努力してきたパパなら絶対できるよ。頑張れ！』、妻からは『一歩前進すれば一歩ずつ大浜海岸に近づくからね、自然を身体いっぱいに感じてね、楽しい瞬間がたくさんありますように。ゴールで待ってるよ』って。これを見ると、ちょっと会いたくなりますね」

一昨日に電話をかけた際には、あるいは恥ずかしさから、電話に出ようとしなかった娘。こんな温かいメッセージをくれた娘に、ゴールしたら何を話そうか。

杉目のインタビューが終わろうとする頃、雨が止み、前方に大きな虹が姿を現した。事前のアンケートに「自分が走る姿を若い世代の人に見せたい」と記していた吉川が、虹を見ながら語った。

「人生、1回きりなんで、みんな楽しんで過ごしてほしい。苦労しないで終わる人生がいいか、いろんな目標を持って、失敗とかもして、激動の人生を過ごして最期を迎えるのがいいのか。それぞれだけど、私はいろんなことやったなと思って死にたい」

全身全霊をぶつけて、ようやくゴールが見えてくるＴＪＡＲ。２０１６年に一念発起して以来、苦手なロード走行も克服して今、レースの終盤にまで来た。

自分の限界はどこにあるのか、限界に直面した時にどうなるのか、そしてゴールして何を思うのか。きっとなにげない家族、友人との生活、笑顔が一番幸せ、という結論になるのではと思っているが、それを自ら確かめたい。

吉川は、無心で市街地のロードを進む。陽が出てからは、台風一過で陽差しが途端に強くなり、疲れもいや増した。途中で頭に水をかけて冷やしながら、先へ。

時速４キロを切らなければ大丈夫。足裏の痛みは変わらずある。一度立ち止まってしまうと、３歩目までは激痛が走る。だが４歩目以降はその痛さが麻痺し、なんとか歩くことができる。ところどころで寄せられる応援を糧に、わずかずつ。

２０１８年の優勝者、垣内康介が応援のため、静岡駅前に駆けつけてきた。吉川が一言。

「もう、足が剣山みたいになっています」

「いやー、格好いい！」

〝格好いい〟とは垣内らしい表現だ。

「きつかったですね。足が痛かったんで。走ればいいんですけど。大浜海岸、どんな顔して上がっていいか、わかりませんね」

眠気は絶えず襲いかかってくる。〝自分は今、静岡駅に向かっている。その後は大浜海岸のゴールに行く〟。そう頭の中で何度も繰り返して、意識を保った。

２０２２年大会、最終ランナーのゴールシーンを見ようと、夜にもかかわらず多くのギャラリーが集まっていた。台風は去り、海は凪《な》いでいる。月もクッキリと姿を現していた。拍手が起こり、その場にいる全員が吉川を迎え入れる。

「パパ！　頑張れ！」

新型コロナに罹ってゴールに来られなかった妻と娘は、スマホ越しに夫に声援を送る。最後の階段も、足が痛むため、一段一段、ゆっくりとしか下りられない。

横断幕を両手で握って撮影に応じる。スマホも合わせて、30台ほどのカメラが囲んでいる。

父親が、妻と娘からの手紙を代読する。

「憧れのＴＪＡＲレースを暑い日も雨の日も足のマメが痛い中、果てしなく続く道のりを諦めずに一歩一歩、強く進み、ゴールした姿は皆に勇気を与え、本当に素晴らしかったです。本当にゴールおめでとう」

21時24分、ゴール。２０１１年３月11日を境に、第１章と第２章に区分けされた吉川の人生。今こそ、第３章始まりの時。

エピローグ
「挑戦は連鎖する」

２０２２年12月上旬、土井は目の前に広がる日本とは違う田園風景に心を躍らせながら、軽快に走り続けていた。タイ北部の中心都市、チェンマイ郊外に広がるドイ・インタノン国立公園を舞台に開かれるレースに、招待選手として出場したのだ。渡航前には勤務先の消防署で連続出勤をこなしてシフトを調整し、時間を作り出した。Ｄｏｉはタイ北部の言葉で「山」を意味する。昔話風に訳すと「いんたのん山」。なんだか、それだけでも愉快な心持ちになる。結果は5位。１７１キロの道のりを24時間23分で走り抜いた。気温は30℃以上とコンディションも日本とは違い、苦しむこともあったが、それ以上に初めて挑む山々とあって、楽しみが大きかった。普段はＳＮＳでしかやりとりできない海外選手らとも、久しぶりに会えた。

TJARから4カ月。土井について、多くの媒体がその走りや装備、戦略などについて記事を出している。優れたアスリートであることは論をまたない。筆者の関心事は別にあった。北條ディレクターによる自宅取材の時、そしてゴールシーンに登場した、息子たちとの関係について聞くことにした。〝素《す》の土井〟を知りたかった。年も押し詰まった12月26日、オンラインで取材を行なった。

画面越しに向き合った土井は、なんとも邪気のない表情を浮かべていた。

「『友だちが、父さんの出てたテレビ見たよと言ってたわー』と、まあそんなもんですよ」

穏やかに語り出した土井。そもそも、大浜海岸のゴールにサッカーボールを持ってきた次男の楓太が番組を見たかどうか、そこからして怪しい。楓太も、そして中学3年の長男・瑛太《えいた》もサッカーに熱中していて、「父のやってることに、さして目は向いてはいないだろう」と。

「そんなもんでしょう。どこの家庭も。でも、何か思ってくれているんだろうな。……思ってくれてるのかなあ……何年後かに本音を語ってくれるのかも」

土井としては、自由に人生を楽しんでいる自分の姿を息子たちや娘が見て、「この父は自分から挑戦して、楽しんでいるんだなあ」と印象を持ってくれたらいいな、くらいに考える。

「それでも何か、父の姿を見て感じたこともあるかもしれませんよ」

そう話を向けると、土井はしばし「う～ん」と考えた末に、「そういえば」と話し始めた。

「長男の瑛太が急に、佐賀の高校に行きたいと言い出したんです。理由を聞くと、『サッカーをしたいんだ』と。自分では思いつかないですね。中学校を出てすぐ親元を離れて、九州まで行こうなんて。その行動力、すごいと思いました。それに関しては、自分が日本国内や海外のあちこちへ飛び回ってるので、そんな行動を起こすハードルを少し下げてあげられたのかもしれません。チャレンジをしようとしている姿は、結果にかかわらず、父として誇らしいです」

長男は、そんな父の思いを薄々感づいてくる年頃だろうか。

土井は文章を書かせると、ウィットに富んだ、人をクスリと笑わせるようなものを、さらさらと綴《つづ》る。そこだけを見ると、「才気に富んだ隙のないアスリート」に思えてしまう。でも、この日の土井はむしろ、〝朴訥《ぼくとつ》とした優しい父親〟と表現する方がふさわしい。

その、おおらかな父親のもとで、子どもたちは自由に挑戦する人生を選び始めているのではないだろうか。それがたとえ、父とは違う道であったとしても。

12月３日には、多くの選手たちが一堂に会するイベントがあると聞き、東京都あきる野市の自然人村キャンプ場を訪ねた。ＴＪＡＲをテーマに、翌４日まで２日間にわたって様々なプログラムが用意されていて、出場選手たちが招かれていたのだ。この日の都内の最低気温は約２℃。肌寒い中、２０２２年大会の出場者15名以上、さらには歴代大会の出場者らが日が暮れたあとまで、ステージ上でトーク・セッションに花を咲かせ、旧交を温めていた。

その合間を縫って、数人の選手たちに話を聞くことができた。

あのレースはなんだったのか、そして今、何を思うのか。

まずは最終日、完走した選手の中で最後にゴールした吉川。究極のチャレンジ、ゴールと考えていたＴＪＡＲはゴールではなく、通過点だったと気づいた。一方で、強く思ったことがあった。

「誰もが一生懸命に、時に辛そうな表情を浮かべて生きているんですけど、みんな本当は優しいんだなということを改めて感じました。あともう一つ、自分の頑張る姿を見て元気や力をもらったと言ってくれる人たちがいたことが嬉しかったです。走り始めたという同僚や、資格取得を目指して勉強を始めた、なんて人もいました。自分自身、周りへの感謝、外側へのアクションが少し変わった気がします」

　２０１１年の3月11日以降、生きることの意味について自問自答し続けてきた吉川。今は、自ら何かに挑戦し続けることで人に範を示したいと考える。

「日本って今、元気ないですよね。〝第2ステージ〟は自分のための挑戦でしたが、これからは仕事でもプライベートでも、自らに課した挑戦に励む姿を示すことで誰かが……それが誰かはわかりませんが、少しでも勇気をもらってくれれば。最終的に自分がいつ死ぬかはわからないとしても、そうすることで自分が生きててよかったと思えるんではないでしょうか」

　念願の完走を果たし、もう出場せずともよいと思っていたＴＪＡＲ。近所の小学生たちと走っていて、「僕もＴＪＡＲに出てみたい。吉川さんは次も出るんですよね」と言われた。心がまた、騒ぎ出している。

　そして、坪井。10月下旬に刊行された『ＴＪＡＲ２０２２　大会報告書』では、「リタイアについて総括仕切れず、ずっと苦しんでいる」と記していたが、今、目の前にいる坪井の表情には生気が張っているように思えた。

「今は『苦しんできました』ですね。1回の失敗で尻尾巻いて逃げるのはＴＪＡＲを目指す者として恥ずかしくないのか、と思うところもあり、ま、ルール上、挑戦可能になるのは4年後になるんですけど、まずは4年後に向けてファイティングポーズを、まだ崩しちゃいけないなと思うように最近なりました。妻には『できるかどうかわからないけど、もう一度、気持ちだけは向けたいと思うけどいいか』という話をしました。妻からは『わかってる。ま、そう思ってると思ってたし、終われないでしょ』って。結果はわからないですよ、運もあるし。でも、まず2年間自分の体を作り直して、2年後に正々堂々と、知り合いにでも、友人にでも、『ＴＪＡＲ目指して、これから動き出すよ』と言いたい。そんなふうに思うようになりました」

　２０２１年大会直前、渋谷の繁華街をスーツ姿で颯爽と歩みながら、「これからは自分のために生きていくのだ」と宣言した坪井。その闘争心は失われてはいない。


　望月も会場に姿を現していた。山岳の王、と望月を評した書籍の臨時サイン会には多くのファンが行列をなしていた。そのため、他のセッションの進行が30分も遅れるほどだった。望月に話を聞こうと、少し離れた場所でサイン会の終了を待っていたところ、横に大会実行委員の一人、畑中《はたなか》渉《わたる》の姿があった。畑中が、筆者にスマホの画像を見せてくれた。そこには誰もいない中、たった一人、大浜海岸のゴール地点に立てられた横断幕の下で大きく両手を上げている望月の姿があった。聞けば、正式なゴールの翌日、大浜海岸にやってきて、畑中らと改めてゴールしたのだという。畑中は画像の下に「長い旅は終わった！　最高にカッコいいぞ！」とメッセージをつけていた。

国体の山岳競技を通じて望月と知り合った畑中。２０１０年大会へ出場するという望月に「１回だけにしろよ」と告げたものの、望月はその後も連続出場。その挑戦をずっと応援し続けてきた。

その畑中が、筆者に告げた。

「望月君も、これで最後。もうＴＪＡＲには出ないだろう」

寝耳に水の話だった。サイン会を終えた望月に話を振ると、穏やかに答えてくれた。

「はい、もう決心がついたんです。もう、出ないでしょうね。翌日にゴールし直したのは、静かなゴールをしたかったというのも、なきにしもあらずです。こうすることで、今度こそ、自分自身の戦いが終わったんだなと実感しました」

画像のゴールは、「みんなの望月君」から山好きの一人の人間に戻ってきたことの証だった。

この十数年間、身を削ってＴＪＡＲに挑んできた望月は、次なる道に向かって早くも進み出していた。

「山で生きていきます。今、みんなが集《つど》える山小屋を作ろうと、83歳のおじいちゃんから技術を学んでるところです。一つ一つが新鮮で、45歳の手習いで一から覚えるのは、不安で、怒られることも多い。ですけど、よく教えてくださるので、楽しいです。走る、ということで今まで一生懸命やってきた。走ることしかしてこなかったから、それがなくなると自分もなくなっちゃうんじゃないか、っていう怖さに襲われてましたけど、それはなくなりました。これからは夢中になれる、新しい道にシフトチェンジしていきます。井川の在来野菜を人に伝え残す仕事もしたい。これからの社会にすごく役立つと思います。自給自足も面白そうです。技術のみならず生きていく術・知恵を伸ばして、人に教えられるようになりたいですね」

潔い、決意だった。サッパリとそう言うと、「明日があるから」と仲間と共に望月は会場を後にした。

２０２２年の年の瀬には、２０１２年以降の大会を取り上げた番組がＮＨＫ　ＢＳ１で一挙に再放送された。とりわけ、２０２２年大会の番組は紅白歌合戦の真裏で放送された。「取材を始めてから10年間」という大きな区切りを迎えたことは、筆者にとっても感慨深かった。

そうした中、２０２２年大会のメイン・ディレクターを務めた日経映像の北條雅樹は、２０２３年1月にＮＨＫ　ＢＳＰで15本放送された15分シリーズの編集に追われていた。

あらかた、番組完成のメドが立ったところで、話を聞いた。

「２０２２年に45歳になったんですけど、この番組は自分にとって集大成に近いものになると、初めは思いました。でも、レースが終わった翌朝に気づいたんですよ。選手は2〜3日後に何事もなかったように、また普通に仕事に戻るのだと。僕自身も、この番組をやったからディレクションが大きく変わるとか、テレビの道が開けるかというと、大きく変わりません。そんな中で、集大成とか言って、『これで終わり』みたいなスタンスで仕事に臨むなんておかしいですよね。すると、『ここからもう一丁、スタートを切るかな』と心境が変わりました。この番組を自分の集大成に、と老境に入ったようなことを一度でも思ったのが恥ずかしいです。番組をポジティブに感じる視聴者がいて得られた手応えを起点に、もっとチャレンジしていこうと思います」

歳を重ね、自分の中から体力や情熱がともすれば失われようとする中、逆張りで苦行のように思えるレースにあえて身を投じることで充足を得ようとする、特にベテラン選手たちの流儀は、北條にとってとてつもなく上質な「贅沢」に思えた。自分も同じように「贅沢」をしたい、と北條は付け加えた。

２０１２年から10年間追い続けてきたＴＪＡＲ。テレビ放送による影響のみならず、ＳＮＳ、インスタライブなどの普及もあり、大会の様子は大きく様変わりした。

ＴＪＡＲを立ち上げた岩瀬幹生が、語った。

「昔は全然違うサバイバルレースだった。今はサポート態勢があって、ＳＮＳで選手がどこにいるかわかっちゃう。手を挙げたら助けてくれるステージができちゃってる。もっとも、これはこれで、あり。レースが進化し、様変わりするのもいい。その中で、自分が変わらず大切に思うのは、みんな無事にスタートし、ゴールすること。たとえゴールできずとも、楽しんで旅をしてくれること。ともかく事故を起こしてはいけない。今は規則を整え、サポート、応援も含めて、いろいろあるから大きな事故は起きていないものの、いつかは起きるかもしれない。特に先頭の方の人が寝ずに幻覚・幻聴の中を走るのは危険なので、寝る時間をどこかでしっかり設けてリミットをかけるのも一つの方法だと思う。とにもかくにも、みんながゴールまで行けるステージが作れればいいですね。天気が変わっても対応できる力をつけ、一人でも多くの選手たちにゴールに行ってほしい。ゴールしなくてもいいから、楽しんで終わってほしい」

ＴＪＡＲもさらに様変わりしていくこととなりそうだ。それでも、挑戦の場を求めてやってくる者が、あとへと続くことは間違いなさそうだ。

「挑戦は連鎖する」

10年間、選手たちを追い続けて聞き出せた、一つの言葉。

黙々と走る選手たちに心躍らせ、さらなる選手たちが続く。そしてその姿を見て、走らないとしても自分も何かをやってやろうと行動を起こす者たちが続く。

そこに、番組の存在が少しでも寄与できたのだとすれば、こんな喜ばしいことはない。

２０２３年４月

著者

トランスジャパンアルプスレース2022 公式結果

順位	ゼッケンナンバー	氏名	年齢（本大会当時）	ゴールタイム
1	12	土井 陵	40	4日間17時間33分
2	14	木村直正	41	5日間14時間7分
3	1	石尾和貴	33	5日間17時間51分
4	21	望月将悟	44	5日間18時間37分
5	19	馬場 誠	43	5日間22時間51分
6	6	貝瀬 淳	35	6日間0時間40分
7	2	野寄真史	33	6日間1時間9分
8	5	牧野高大	35	6日間2時間36分
9	8	大畑匡孝	37	6日間5時間24分
10	15	林田裕介	41	6日間11時間58分
11	23	井出善啓	46	6日間17時間11分
12	27	駿谷明宏	54	6日間21時間41分
13	3	保田直宏	33	6日間21時間53分
14	7	佐藤崇樹	36	6日間23時間48分
15	4	佐合 要	35	7日間5時間3分
16	22	今崎治男	46	7日間7時間37分
17	13	関 淳志	41	7日間15時間16分
17	17	横井秀輔	42	7日間15時間16分
19	18	中島裕訓	43	7日間18時間3分
20	20	吉川賢一	44	7日間21時間24分

（以上、完走20名）

順位	ゼッケンナンバー	氏名	年齢（本大会当時）		
―	30	竹内雅昭	62	8/9 5:24	双六小屋 （上高地CP関門未達と判断しリタイヤ）
―	9	西田敦洋	37	8/9 20:20	中央アルプス頂上山荘 （必携装備遺失しリタイヤ）
―	26	坪井伸一	54	8/10 17:53	駒ヶ根 （転倒による左肩打撲と筋疲労によりリタイヤ）
―	10	河田英樹	38	8/12 09:09	野呂川越 （三伏峠小屋CP関門未達と判断しリタイヤ）
―	25	松本貴宏	50	8/12 17:00	三伏山付近 （三伏峠小屋CP関門時間内未達）
―	28	稲崎謙一郎	54	8/12 17:00	塩見小屋先 （三伏峠小屋CP関門時間内未達）
―	16	久保和範	41	8/13 08:00	荒川小屋 （自身の状況と今後の悪天候を考慮しリタイヤ）
―	24	三上 満	50	8/13 08:02	荒川岳手前 （自身の状況と今後の悪天候を考慮しリタイヤ）
―	11	野田憲伍	39	8/13 08:13	荒川小屋 （自身の状況と今後の悪天候を考慮しリタイヤ）
―	29	井嶋健一	59	8/13 21:00頃	上河内岳 （コース保持不能、転倒多数、判断能力低下、低体温症によりレース続行は不可能と判断され、失格）

（リタイヤなど）

「TJAR2022 実行委員会」

飯島浩(代表)　田中正人(副代表)　桑山史朗　越田英喜　竹内靖恵　畑中渉
原一平　船橋智　湯川朋彦　岩瀬幹生(顧問)

「TJAR2022 スタッフ」(順不同)

〈CPスタッフ〉

田中徳　越田美樹　大川光代　常冨博之　山野本陽平　佐藤修二　仁田晃司
石川幸一　石川かおり　大武孝安　梅沢美代子　早川秀人　内田和樹　塚田晃二
高岸史朗　村上勇三　門脇美砂丘　高橋和博　朝倉一朗　黒田清美　館野久之
河合信太郎　海野健多郎　佐々木雅人　寺田勝美　梅原剛　山下義人　船橋由美子
船橋海南江

〈スイーパー〉

柏木寛之　佐幸直也　鹿野颯太　北野聡　高田全希　大坪穂高　新藤衛　有吉俊博
朽見太朗　垣内康介　須田忠明

〈情報発信スタッフ〉

恵川裕行　青谷康一　堀金伸一郎　伊丹啓　島田大

〈選考会スタッフ〉

鎌倉克久　加藤守　中野洋平　細田典匡　前田圭紀　江口航平
石田賢生　岡田泰三　飴本義一　大西靖之　男澤博樹　高島伸介

NHK『激走! 日本アルプス大縦断　2022』スタッフ

語り	桐谷健太
撮影	一瀬圭介　植苗義貴　小野塚正直　折笠貴　駒井研二　塩島槙人 田中正人　筈井貴之　濱野実　平出和也　平賀淳　三戸呂拓也
音声	鳥居拓也　杉本充宏
撮影協力	横山峰弘　伊藤勇介　山田高志　片野大輔　雨宮浩樹　石川貴大 田村晃浩　小久保壮　岩崎勉　佐野哲也　渡邊佑　武藤貴之 鄭義哲　山本暖
車両	上田晋平　薮田幸彦　鷲田賢治　板倉剛　榊原敏幸　吉田尚樹　山口隆雄
映像技術	加藤慧　稲垣太郎
音響効果	井貝信太郎
編集	山﨑裕康　神澤尚宏
リサーチャー	張雅雯　孫海金
取材	瀬川泰和　石原威　千葉竜也　齋藤絵心
ディレクター	北條雅樹　野沢拓臣　杉目七瀬
プロデューサー	深堀鋭
制作統括	中島木祖也　国沢五月　齊藤倫雄

執筆者プロフィール

齊藤倫雄（さいとう みちお）

1973年生まれ。熊本県水俣市出身。東京大学文学部卒。
1997年NHK入局。金沢放送局、文化福祉番組部などを経て現在、
NHKエデュケーショナル特集事務局チーフ・プロデューサー。
トランスジャパンアルプスレースのノンフィクション書籍『激走! 日本アルプス大縦断　密着、トランスジャパンアルプスレース　富山～静岡415km』『激走! 日本アルプス大縦断　～2018 終わりなき戦い～』（ともに小社刊）を執筆。

化粧扉写真／完走直後の望月将悟選手の足の裏

装丁＋本文デザイン／國吉 卓
写真提供／藤巻 翔、小関信平、後藤武久、茂田羽生、武部努龍、NHK
協力／ TJAR 実行委員会

激《げき》走《そう》! 日《に》本《ほん》アルプス大《だい》縦《じゅう》断《だん》
TJAR2022 挑《ちょう》戦《せん》は連《れん》鎖《さ》する

2023 年 4 月 30 日　第 1 刷発行

著　者　　齊《さい》藤《とう》倫《みち》雄《お》& NHK 取《しゅ》材《ざい》班《はん》

発行者　　樋口尚也

発行所　　株式会社　集英社
〒 101-8050
東京都千代田区一ツ橋 2-5-10

電　話　　編集部　03-3230-6141
読者係　03-3230-6080
販売部　03-3230-6393（書店専用）

印刷所　　大日本印刷株式会社

製本所　　加藤製本株式会社

ISBN978-4-08-781735-5 C0095